100 JAHRE VERTRAG VON SAINT-GERMAIN

VORTRÄGE IM RAHMEN DER GESAMTSITZUNG DER ÖSTERREICHISCHEN AKADEMIE DER WISSENSCHAFTEN AM 25. OKTOBER 2019

ÖAW

INHALT

VORTRÄGE

SAINT-GERMAIN-EN-LAYE 1919: DIE IMPERIALISTISCHE NEUORDNUNG OSTMITTEL-EUROPAS AUF DER PARISER FRIEDENSKONFERENZ

ARNOLD SUPPAN

Die Friedensverträge von Saint-Germain 1919 und Trianon 1920 besiegelten völkerrechtlich die Aufteilung der Habsburgermonarchie auf sieben Nachfolgestaaten. Während die Verträge von Saint-Germain und Trianon in der Tschechoslowakei, Polen, Rumänien, Jugoslawien und Italien von Politik und Öffentlichkeit überwiegend positiv aufgenommen wurden und dieses positive Image im Wesentlichen bis heute behalten haben (sieht man von Slowenien und Kroatien ab), so galten die beiden Verträge in Österreich und Ungarn lange Zeit als schwere Demütigung und Bestrafung. Mit dem Staatsvertrag von 1955, der Lösung der Südtirol-Frage und dem Beitritt zur Europäischen Union im Jahre 1995 verblassten allerdings in Österreich die negativen Konnotationen zum Vertrag von Saint-Germain. In der ungarischen Öffentlichkeit hält hingegen die negative Beurteilung des Vertrages von Trianon bis heute an.

ZWISCHEN WAFFENSTILLSTAND UND FRIEDENSVERTRAG

Die Übergangsjahre von der aufgelösten Habsburgermonarchie zu den mehrheitlich republikanischen Nachfolgestaaten gestalteten sich meist schwierig, zum Teil chaotisch. Über 1,2 Millionen Soldaten der österreichisch-ungarische Armee waren gefallen, Hunderttausende schwer verwundet, über 350.000 in italienische Kriegsgefangenschaft geraten. Dabei war die Demobilisierung des Millionenheeres – auch dank des milden Novemberwetters 1918 – erstaunlich schnell erfolgt. Doch in den Heimatländern gab es schwere Not an Nahrungsmitteln, Bekleidung und Heizmaterial, vor allem in den Großstädten und in den Industriegebieten. Hunderttausende Kriegswitwen und -waisen hatten besonders zu leiden. Darüber hinaus grassierten die „Spanische Grippe" und die Tuberkulose, die vermutlich Hunderttausende hinwegrafften. Die Viehwirtschaft war ausgebeutet, die Gewerbebetriebe hatten Materialmangel, in den Rüstungsbetrieben lagerten viele unbezahlte Waffen, das Eisenbahnwesen war ramponiert, der Wert der österreichisch-ungarischen Krone begann dramatisch zu sinken und die Inflation fing an, letzte Geldreserven aufzusaugen. Immerhin gelang es Herbert Hoover, Chairman of the Food Section of the Supreme Economic Council, in 32 europäischen Ländern Büros einzurichten, um Suppenküchen zu organisieren und Lebensmittel, Kleider und medizinische Artikel zu verteilen. Im Mai 1919 richtete er in Mährisch-Ostrau / *Moravská Ostrava* auch eine Coal Commission for Central Europe ein, die die Verteilung von Kohle zwischen der Tschechoslowakei, Polen, Österreich, Ungarn und Jugoslawien

organisierte. Zwischen dem 1. Dezember 1918 und dem 31. August 1919 erhielt die neue Republik Österreich 508.344 Tonnen an Lebensmitteln und Bekleidung, Polen 411.821 Tonnen, die Tschechoslowakei 369.553 Tonnen, Rumänien 224.370 Tonnen und Jugoslawien 103.624 Tonnen; Ungarn ging hingegen leer aus.

Bereits vor dem Waffenstillstand in der Villa Giusti bei Padua am 3. November 1918 hatten Nationalräte in Warschau, Prag, Zagreb, Wien und Budapest begonnen, neue Nationalstaaten auszurufen: Polen, die Tschechoslowakei, den Staat der Slowenen, Kroaten und Serben, Deutsch-Österreich und Ungarn. Das k. u. k. Kriegsministerium hatte schon am 28. Oktober 1918 – unter dem Eindruck der Reaktionen auf das Kaisermanifest und auf die ernüchternde Antwortnote des US-Präsidenten Woodrow Wilson zum Ersuchen des Ballhausplatzes um Waffenstillstand – alle Militärkommandanten angewiesen, mit den neuen nationalpolitischen Führungen zu verhandeln, um Ruhe und Ordnung aufrechtzuerhalten. Immerhin gab es in den meisten neuen Staaten erfahrene Politiker, die ihr Handwerk bereits in den Parlamenten des untergegangenen Imperiums gelernt

hatten. Zwar wurden anfänglich die Rechts-, Verwaltungs-, Wirtschafts- und Sozialordnungen Österreich-Ungarns übernommen, bald aber neue republikanische Verfassungen beschlossen, zum Teil mit dem allgemeinen Wahlrecht für Frauen. Die „totalen" Kriegserfahrungen, die Verarmungsprozesse und der Radikalnationalismus einschließlich des Antisemitismus wirkten allerdings negativ nach. Erste gesetzliche Maßnahmen der neuen Regierungen setzten zwischen den Nachfolgestaaten ziemlich rasch einige Hunderttausend Menschen in Bewegung, besonders bisherige österreichische und ungarische Staatsbeamte und öffentlich Bedienstete. Diese verheerenden Ausgangslagen lösten bei Millionen Menschen Ängste gegenüber der Gegenwart und Pessimismus für die Zukunft aus. Arbeiter- und Soldatenräte marschierten in den deutschen, österreichischen und ungarischen Großstädten auf, aber auch in tschechischen, südslawischen und italienischen; die Ideen der russischen Oktoberrevolution fielen da und dort auf fruchtbaren Boden.

Lenin hatte bereits am 8. November 1917 einen „Frieden ohne Annexionen und Kontributionen" verlangt, der britische Premierminister David

Lloyd George sprach am 5. Jänner 1918 von einem neuen Europa, basierend auf „reason and justice", geführt von Regierungen „with the consent of the governed", und US-Präsident Wilson nannte am 8. Jänner 1918 in seinen 14 Punkten den Abbau aller ökonomischen Barrieren, die Reduzierung der nationalen Rüstungen und die Ausrichtung der Grenzen nach „historically established lines of allegiance and nationality". Unter *nation building* verstanden alle ehemaligen Nationalitäten Österreich-Ungarns – entgegen der amerikanischen, britischen und französischen Vorstellung von Staatsnation – aber die Verbindung von Ethnikum, Territorium und Souveränität. Die politischen Vertreter aller Nationen wollten auf „ihrem" Territorium ihren eigenen Nationalstaat errichten, der nicht nur politische, ökonomische, soziale und kulturelle, sondern vor allem auch physische Sicherheit garantieren sollte. Auf Grund der ethnisch gemischten Siedlungsstrukturen in der Habsburgermonarchie musste aber diese Anwendung des nationalen Selbstbestimmungsrechtes – „Jede Nation ein Staat, und nur ein Staat, jeder Staat die Heimstatt einer und nur einer Nation!" (Karl Renner) – zu

vielfältigen Abgrenzungskonflikten zwischen den Nationen führen: von den Deutsch-Österreichern zu den Tschechen, Slowenen und Italienern, von den Polen zu den Tschechen und Ukrainern, von den Magyaren zu den Rumänen, Serben und Slowaken und von den Kroaten und Slowenen zu den Italienern.

DIE PARISER FRIEDENS-KONFERENZ 1919/20

Die Siegermächte des Ersten Weltkrieges organisierten in Paris einen Kongress der großen und kleinen „Sieger" und waren vor allem daran interessiert, ihre strategischen, politischen und wirtschaftlichen Ziele durchzusetzen. Die Hauptarchitekten der neuen Friedensordnung – als Präsident der Friedenskonferenz der französische Ministerpräsident Georges Clemenceau sowie der britische Premierminister David Lloyd George und US-Präsident Woodrow Wilson – waren sowohl mit während des Krieges gegebenen, nun einzulösenden Zusagen als auch mit neuen Nachkriegsproblemen konfrontiert. Die Friedensfindung war zweifellos auch dadurch erschwert, dass insgesamt 5 alliierte und 24 assoziierte Staaten vertreten waren.

Zwischen dem 18. Jänner und dem 24. März 1919 tagte am Quai d'Orsay in Paris der „Rat der Zehn", die Regierungschefs und Außenminister Frankreichs, Großbritanniens, der USA, Italiens und Japans; sie setzten 58 Expertenkommissionen ein, um die Verträge für Deutschland, Österreich und Ungarn zu beraten. Danach tagte ein „Rat der Vier" – während der Abwesenheit des italienischen Ministerpräsidenten Vittorio Orlando zwischen dem 24. April und dem 7. Mai 1919 als „Rat der Drei" –, der die Berichte der Kommissionen und des Außenministerrates entgegennahm und bis zum 28. Juni 1919 die wesentlichen Entscheidungen traf. Danach wurde ein Rat der Leiter der Delegationen eingesetzt, dem Anfang Jänner 1920 ein Rat der Botschafter folgte. Anders als auf dem Wiener Kongress 1814/15 durften die Vertreter der Verliererstaaten Deutschland, Österreich, Ungarn, Bulgarien und Osmanisches Reich nicht mitverhandeln, sondern wurden erst nach Paris eingeladen, nachdem die Vertragsentwürfe im Wesentlichen fertiggestellt waren. Auch dann konnten sie nicht über die Entwürfe diskutieren, sondern lediglich schriftliche Stellungnahmen abgeben.

Die französische Politik wollte vor allem das Kriegsbündnis mit Großbritannien und den USA aufrechterhalten, die militärische und wirtschaftliche Macht Deutschlands deutlich schwächen und Frankreich gegen einen neuerlichen deutschen Angriff schützen. Gleichzeitig wollte Frankreich mit einem *cordon sanitaire* in Ostmitteleuropa ein Gegengewicht zu Deutschland und Sowjetrussland aufbauen. Clemenceau musste auch an die hohen Kriegsschulden Frankreichs gegenüber den USA und Großbritannien denken sowie an die schweren Zerstörungen und den Wiederaufbau in Nordostfrankreich. Auch Großbritannien hatte hohe Kriegsschulden an die USA zu zahlen, verlangte daher von Deutschland hohe Reparationen, hatte sich aber mit der Beschlagnahme des Hauptteils der deutschen Hochseeflotte (die sich freilich am 21. Juni 1919 in Scapa Flow versenkte) und eines Teils der Handelsflotte sowie der Besetzung der Mehrheit der deutschen Kolonien bereits wesentliche Pfänder gesichert. Außerdem erschien den Briten die Eindämmung des bolschewistischen Russlands wichtig. Zum ersten Mal in der europäischen Geschichte trat ein US-Präsident als zentrale Figur in der Regelung europäischer Angelegenheiten auf. Wilsons Forderungen der Wiederherstellung Belgiens und der Errichtung eines unabhängigen Polens wurden in Paris und London gerne aufgenommen, aber seine Appelle für einen „peace of justice" und eine „new world order" stießen bald auf taube Ohren. Auch die Forderungen des US-Präsidenten nach Abbau aller ökonomischen Barrieren, nach einer Neuordnung kolonialer Forderungen und nach einer Neuausrichtung der italienischen Grenzen „along clearly recognizable lines of nationality" lehnte nicht nur Rom ab. Wilson hoffte, dass der neu geschaffene Völkerbund ungerechte Friedensbestimmungen korrigieren könnte, was sich als völlig unrealistisch erwies. Da der US-Senat eine Sanktionierung der Pariser Friedensverträge verweigerte, die USA auch dem Völkerbund fernblieben, stand das gesamte französisch-britisch-italienische Friedenssystem von Beginn an auf relativ schwachen Beinen. Der am 7. Mai 1919 der deutschen Delegation ausgehändigte Vertragsentwurf enthielt einerseits eine Reihe harter Bedingungen, beließ aber andererseits das Deutsche Reich in seiner potentiellen Großmachtposition. Der am 3. März 1918 vor allem vom Deutschen Reich Sowjetrussland aufgezwungene Friedensvertrag von Brest-Litovsk war deutlich härter gewesen, da Russland mit dem Verlust der Ukraine, Weißrusslands, der baltischen Staaten, Bessarabiens und Transkaukasiens mehr als ein Drittel seiner Einwohner und den größeren Teil seiner Schwerindustrie eingebüßt hatte. Das Deutsche Reich sollte nun 1919 alle Kolonien abgeben, dazu Elsass-Lothringen und das Saarland, Eupen-Malmedy, Nordschleswig, Danzig / *Gdańsk*, Westpreußen, Posen / *Poznań*, das Memelland und Oberschlesien. Im Artikel 231 des Versailler Vertrags wurde die alleinige Verantwortung Deutschlands und seiner Verbündeten als „Urheber" des Krieges und der alliierten Verluste und Schäden festgeschrieben, die als wesentliche Begründung für die Forderung nach Reparationen galt. Die Antwort der deutschen Delegation vom 29. Mai 1919 kritisierte besonders den „Kriegsschuldartikel" 231 sowie die Abtretung von Oberschlesien, des Saarlandes, von Danzig und des Memellandes. Die Gebietsabtretungen beinhalteten auch den Verlust von 50 Prozent der Eisenerzversorgung und 25 Prozent der Steinkohleförderung. Wilson hielt dagegen: „The treaty is undoubtedly very severe indeed", aber sei nicht „on the whole unjust [given] the very great offence against civilization, which the Germans committed".[1]

DEUTSCH-ÖSTERREICH UND DIE *ANSCHLUSS*-FRAGE

Bereits am 30. Oktober 1918 hatte der Vollzugsausschuss der Provisorischen Nationalversammlung Deutsch-Österreichs Präsident Wilson mitgeteilt:

1. Der neue Staat Deutsch-Österreich beansprucht die „Gebietshoheit über alle jene Gebiete des bisherigen Österreich, in denen die Deutschen die Mehrheit der Bevölkerung bilden".

2. Der Vollzugsausschuss betrachtet die „tschecho-slowakische und südslawische Nation als vollkommen unabhängige Staaten und ist bereit, alle Streitfragen mit diesen neuen Staaten einem internationalen Schiedsgericht zu unterwerfen".

3. Den Grundsätzen Wilsons entsprechend, könne „das Zeitalter der Demokratie in Mitteleuropa nicht damit beginnen, dass 3,5 Millionen Deutsche mit Waffengewalt 6,3 Millionen Tschechen unterworfen werden".[2]

Als die Nationalversammlung am 12. November 1918 nicht nur Deutsch-Österreich zur demokratischen Republik erklärte, sondern diesen Staat auch als Bestandteil der Deutschen Republik proklamierte, erkannte der britische Außenminister Lord Balfour sofort die grundsätzliche Herausforderung für die Alliierten. Das Gesetz und die Erklärung „über Umfang, Grenzen und Beziehungen des Staatsgebietes von Deutschösterreich" vom 22. November 1918 forderten im Sinne des Prinzips der nationalen Selbstbestimmung die Gebietshoheit der Republik über das „geschlossene Siedlungsgebiet der Deutschen" innerhalb der bisher im Reichsrate vertretenen Königreiche und Länder: Österreich unter der Enns einschließlich des Kreises Deutsch-Südmähren und des deutschen Gebietes um Neubistritz/*Nová Bystřice*, Österreich ob der Enns einschließlich des Kreises Deutsch-Südböhmen, Salzburg, Steiermark und Kärnten mit Ausschluss der geschlossenen jugoslawischen Siedlungsgebiete, Tirol mit Ausschluss des geschlossenen italienischen Siedlungsgebietes, Vorarlberg, Deutschböhmen und Sudetenland sowie die deutschen Siedlungsgebiete von Brünn/*Brno*, Iglau/*Jihlava* und Olmütz/*Olomouc*. Darüber hinaus wurde die volle Freiheit der Handels- und Verkehrswege über den Karst und die Alpenpässe zur Adria sowie die Donau abwärts zu den Balkanländern und dem Nahen Orient verlangt. Die Staatserklärung bestand auch auf dem Anschluss der geschlossenen deutschen Siedlungsgebiete in den ungarischen Komitaten Pozsony, Moson, Sopron und Vas, die seit Jahrhunderten „in innigster wirtschaftlicher und geistiger Gemeinschaft mit Deutsch-Österreich" stünden und zur Lebensmittelversorgung der Stadt Wien „unentbehrlich" seien.

Dieser Maximalanspruch entsprach durchaus den Maximalansprüchen der anderen Nationen der Habsburgermonarchie. Der Entschluss der Nationalversammlung hielt freilich weder den Forderungen Italiens noch denen der Tschechoslowakei und des künftigen Königreichs der Serben, Kroaten und Slowenen stand, die sich schon im November 1918 anschickten, im Süden und Norden

---

[1] SCHWABE, *Woodrow Wilson*, 342.

[2] Stenographische Protokolle der Provisorischen Nationalversammlung für Deutsch-Österreich 1918 und 1919, I. Session, 2. Sitzung, 30. Oktober 1918.

Deutsch-Österreichs auch überwiegend deutsche Siedlungsgebiete zu besetzen. Staatssekretär Otto Bauer beklagte bereits Anfang Dezember 1918 einen beginnenden „Wirtschaftskrieg", d. h. das bewusste Zurückhalten von Kohle- und Lebensmittellieferungen aus den böhmischen und südslawischen Ländern, und ließ am 25. Dezember eine umfangreiche „Denkschrift über die internationale, politische und wirtschaftliche Stellung Deutsch-Österreichs" an alle in Wien vertretenen Mächte und Regierungen der Entente-Staaten und der USA absenden, die zur völkerrechtlichen Stellung des neuen Staates, zu den Beziehungen Deutsch-Österreichs zur Tschechoslowakei, zu Jugoslawien und Italien, zur wirtschaftlichen Lage und zu den nationalen Grenzkämpfen Stellung nahm. Bauer verlangte für Deutsch-Österreich ein Staatsgebiet von 107.555,69 km² mit über zehn Millionen Einwohnern, erklärte sich mit Plebisziten unter neutraler Kontrolle einverstanden und stellte die Alternativen „Anschluss" oder „Donau-Föderation" in den Raum.[3] Zwischen 27. Februar und 2. März 1919 fanden in Berlin deutsch-österreichische „Anschluss"-Verhandlungen statt. Unter Leitung der beiden Außenminister Brockdorff-Rantzau und Bauer sowie unter Beteiligung einer Reihe von Wirtschaftsfachleuten wurden Fragen der Rechtsangleichung und der Handelspolitik, Verkehrsfragen, Währungsfragen und sozialpolitische Fragen sowie Fragen des Unterrichtswesens erörtert. Deutsch-Österreich sollte sich weitgehend deutschem Recht anpassen und in das deutsche Zollgebiet eintreten. Als schwierigster Punkt wurde von beiden Seiten die Währungsfrage gesehen, ebenso das Verhältnis der Österreichisch-Ungarischen Bank zur Reichsbank. Reichsbankpräsident Rudolf Havenstein drängte auf eine Wirtschafts- und Währungsgemeinschaft, Bauer hielt allerdings einen „ganzen Anschluss" ohne Übergang für undenkbar. Außerdem konnte sich die Wiener Regierung Anfang März 1919 auf keine völkerrechtlichen Experimente einlassen, denn die Lebensmittelversorgung Österreichs hatte absoluten Vorrang.[4] Ministerpräsident Clemenceau brachte die französische Haltung im „Rat der Vier" am 27. März 1919 auf den Punkt. Was die Alliierten zu den anschlusswilligen Deutsch-Österreichern sagen sollten? „Wir verlangen von euch nur, unabhängig zu bleiben. Macht mit dieser Unabhängigkeit, was ihr wollt; doch dürft ihr nicht in einen deutschen Block eintreten und an einem Revanche-Pakt teilnehmen."[5] Bereits am 2. Mai 1919 stimmten Clemenceau, Lloyd George und Wilson dem Artikel 80 des Vertrages mit Deutschland zu, dass Deutschland die Unabhängigkeit Österreichs anerkennen müsse, die nur mit Zustimmung des Völkerbundrates veränderbar sei.

DIE FRIEDENSVERHANDLUNGEN DER „GROSSEN UND KLEINEN SIEGER"

Ab Ende Jänner 1919 traten die polnische, tschechoslowakische, rumänische und jugoslawische Friedensdelegation vor den „Rat der Zehn" und präsentierten ihre Forderungen. Punkt XIII der 14 Punkte Wilsons sah die Wiedererrichtung eines unabhängigen polnischen Staates vor. Der neue Staat sollte Territo-

---

[3] ADÖ 1, Dok. 104.

[4] Protokolle der österreichisch-deutschen Verhandlungen, Berlin, 27. Februar bis 2. März 1919, in ADÖ 1, Dok. 171–77.

[5] MANTOUX, *Les délibérations* 1, 44.

rien mit „indisputably Polish populations" einschließen und einen freien und sicheren Zugang zur Ostsee erhalten. Roman Dmowski und seine Nationaldemokraten verlangten nun eine Wiederherstellung Polens unter Einbeziehung von Posen, Westpreußen, Oberschlesien, Teschen, Galizien, Podolien, Wolhynien, Litauen und Teilen Ostpreußens, während der am 10. November 1918 aus deutscher Festungshaft zurückgekehrte, nunmehrige Staatschef Jozef Piłsudski und seine Anhänger eine Wiederauferstehung des „jagiellonischen Polen" von 1772 als föderativ aufgebautes Großreich erhofften.

Als umstrittenste Frage in der Festlegung der neuen deutsch-polnischen Grenze erwies sich die künftige Zugehörigkeit Oberschlesiens. Die Commission on Polish Affairs wollte die reiche Bergbau- und Industrieregion Polen zuteilen, da angeblich 65 Prozent der Bevölkerung polnischsprachig sei. Eine deutsche Protestnote argumentierte, dass Oberschlesien seit Jahrhunderten von Polen getrennt sei, dass die Bevölkerung aus Deutschen, Polen und Tschechen bestehe, und dass die Hütten und Zechen mit deutschem Kapital aufgebaut worden seien. Wenn Deutschland Oberschlesien verliere,

könne es die Reparationszahlungen nicht erfüllen. Diese Drohung dürfte Lloyd George überzeugt haben, sodass er Anfang Juni 1919 im „Rat der Vier" ein Plebiszit in Oberschlesien verlangte. Die polnische Delegation protestierte, die Polen in Oberschlesien inszenierten Massenstreiks und drei Aufstände, die zu schweren Kämpfen führten. Aber am 20. März 1921 wurde unter alliierter Kontrolle eine Volksabstimmung durchgeführt, in der 59,6 Prozent der Bevölkerung für den Verbleib bei Deutschland und nur 40,4 Prozent für die Angliederung an Polen stimmten. Entsprechend den vertraglichen Bestimmungen teilte dann der Völkerbundrat das Abstimmungsgebiet so, dass Deutschland zwar 9.713 km² mit 1,3 Millionen Einwohnern behielt, Polen aber mit 3.213 km² und einer Million Einwohnern 85 Prozent aller Kohlevorräte und 75 Prozent der Industrieanlagen bekam.

Nach militärischen Auseinandersetzungen zwischen Polen und der Tschechoslowakei um das ehemalige österreichische Herzogtum Teschen im Jänner 1919 – im Besonderen um die Bahnlinie Oderberg / *Bohumín*– Teschen / *Cieszyn* / *Těšín*–Zsolna / *Žilina* – mussten die alliierten Großmächte auch im Konflikt zwischen den bei-

den neuen Verbündeten intervenieren. Danach erhielt Polen lediglich den Ostteil des umstrittenen Gebietes, während der Tschechoslowakei der wirtschaftlich wertvollere Westteil mit den Berg- und Hüttenwerken zufiel.

Im Dezember 1919 machte der britische Außenminister George Nathaniel Lord Curzon einen Vorschlag für eine neue polnische Ostgrenze, nach ihm als „Curzon Line" benannt, die entlang des Sans und des westlichen Bugs verlief. Diese Grenze wurde allerdings von allen polnischen Politikern strikt abgelehnt, da sie größere polnische Minderheiten östlich dieser Flüsse beließ. Nach einer polnischen Offensive gegen Sowjetrussland im Frühjahr 1920 und einer Gegenoffensive der Roten Armee, die mit französischer Hilfe vor Warschau abgewehrt werden konnte, einigten sich die Konfliktparteien im Frieden von Riga am 18. März 1921 auf eine neue polnisch-sowjetische Grenze, die 150 km östlich der „Curzon Line" gezogen wurde.

Entgegen diverser Absprachen zwischen tschechischen und slowakischen Exilpolitikern wurde die erste Tschechoslowakische Republik nicht als tschechisch-slowakischer

Nationalitätenstaat, sondern als „tschechoslowakischer" Nationalstaat von 6,8 Millionen Tschechen und 2 Millionen Slowaken (das waren etwa 65 Prozent der Gesamtbevölkerung) konstituiert. Allerdings waren auch Ende Oktober 1918 von deutschen Politikern der böhmischen Länder die Provinzen „Deutschböhmen", „Sudetenland", „Böhmerwaldgau" und „Südmähren" ausgerufen worden, die sich als Teile Deutsch-Österreichs oder Deutschlands, nicht aber der Tschechoslowakischen Republik verstanden. Die in Reichenberg/*Liberec* konstituierte Landesregierung Deutschböhmens protestierte bereits Mitte November gegen die „imperialistic encroachments of the Czech State" und appellierte an Präsident Wilson, den Schutz über diese deutsche Minderheit in Böhmen zu übernehmen. Edvard Beneš, der neue Außenminister der Tschechoslowakischen Republik, der bereits am 4. November 1918 am Supreme War Council in Paris teilnehmen durfte, warnte zwar am 9. November den neuen tschechoslowakischen Ministerpräsidenten Karel Kramář vor jeglichem Blutvergießen, ermunterte aber die Prager Regierung, die von der französischen Regierung angeblich bereits verbrieften „geschichtlichen" Grenzen der böhmischen Länder „via facti und ohne großen Lärm militärisch zu besetzen". Bereits am 27. November 1918 schrieb Beneš hochmütig nach Prag, dass kein Deutscher zu den Friedensverhandlungen zugelassen werde. Unter dem alliierten Oberkommando des französischen Marschalls Ferdinand Foch begann die Prager Regierung mit einer aus Heimkehrern, „Legionären" und lokalen Freiwilligen zusammengestellten Armee Ende November 1918 mit der Besetzung der deutschen Städte zwischen Eger/*Cheb* und Troppau/*Opava*, die zu Jahresende 1918 abgeschlossen war. Das deutsche Besitz- und Bildungsbürgertum hatte sich im Wesentlichen ruhig verhalten, da es sowohl revolutionäre Unruhen als auch – im Falle von Widerstand – negative Reaktionen der Alliierten befürchtete.

Staatssekretär Bauer protestierte am 17. Dezember 1918 bei den Regierungen der Entente gegen die tschechoslowakische Besetzung der Gebiete Deutschböhmens, des Sudetenlandes und Südmährens und verlangte eine Volksabstimmung. Der französische Außenminister Stéphane Pichon wies mit einer Note an die Wiener Regierung die vorgeschlagene Volksabstimmung zurück und gestand dem tschecho-slowakischen Staat bis zur Entscheidung der Friedenskonferenz die Grenzen der historischen Provinzen Böhmen, Mähren und Österreichisch-Schlesien zu. Dennoch warnte Bauer am 25. Dezember die Prager Regierung vor einer Politik der Gehässigkeit und Feindseligkeit und verwies auf die Grenznachbarschaft der deutschen Nation mit ihren 70 Millionen Menschen [sic!] zu den deutschen Gebieten der neuen Tschechoslowakei. Die deutsche Bevölkerung würde „mit dem Gefühl leidenschaftlichen Hasses" in diesen Staat eintreten, „der erschüttert wäre von den heftigsten nationalen Kämpfen zwischen seiner deutschen und tschecho-slowakischen Bewohnerschaft [...]. Der Frieden Europas wäre durch die deutsche Irredenta innerhalb des tschechoslowakischen Staates dauernd gefährdet".[6]

Präsident Tomáš Garrigue Masaryk versuchte, Oberst Edward Mandell House, dem Berater Wilsons, einzureden, dass das Selbstbestimmungsrecht der Deutschen in der Tschechoslowakei viel besser verwirklicht werden könne, wenn die deutsche Minderheit drei Millionen

---

[6]   ADÖ 1, Dok. 104.

und nicht eine Million Bürger ausmache. Als der gebürtige Prager Ferdinand Marek als diplomatischer Vertreter Österreichs Anfang Jänner 1919 beim tschechoslowakischen Ministerpräsidenten Kramář vorsprach, bezeichnete dieser die Frage der Zukunft Deutschböhmens für ihn und für die Entente bereits als erledigt, da Deutschböhmen „unbedingt" ein Teil des historischen Königreiches Böhmen, das Sudetenland ein Teil der historischen Markgrafschaft Mähren sei. Als die deutsche Sozialdemokratische Partei in der Tschechoslowakei für den 4. März 1919 zu einem Generalstreik und Massenversammlungen aufrief, um gegen die Untersagung der Teilnahme an den Wahlen zur deutsch-österreichischen Nationalversammlung zu protestieren, griffen tschechisches Militär und tschechische Polizei zu, erschossen 54 Personen und verletzten mindestens 84. Die Wiener Regierung richtete Protestnoten an die neutralen Staaten, und der sozialdemokratische Vorsitzende der Nationalversammlung, Karl Seitz, sagte in seiner Trauerrede: In Deutschböhmen seien Bürger in der Verteidigung des Selbstbestimmungsrechtes „niedergemetzelt" worden, „hingemordet von volksfremden Soldaten". „Die Opfer sind in einem heiligen Kampfe gefallen für das ganze deutsche Volk."[7]

Am 5. Februar 1919 präsentierte Beneš vor dem „Rat der Zehn" weitgehende Forderungen hinsichtlich der künftigen Grenzen der Tschechoslowakei und verlangte nicht nur die Einbeziehung der gesamten böhmischen Länder, sondern auch die der Lausitzer Sorben, des Glatzer Beckens, von Teilen Oberschlesiens, Oberungarns bis zur Donau und eines Korridors über westungarisches Gebiet nach Jugoslawien. In seinen Begründungen scheute er weder historische Halbwahrheiten noch statistische Lügen, etwa dass nur 1,5 Millionen Deutsche im Königreich Böhmen lebten (und nicht 2,4 Millionen laut der österreichischen Volkszählung von 1910) und dass die Arbeiterschaft Nordböhmens mehrheitlich tschechischer Nationalität sei. Lloyd George widerlegte solche falschen Behauptungen und verwies Beneš auf die parlamentarische Vertretung der nordböhmischen Arbeiter durch die deutsche Sozialdemokratische Partei. Allerdings lehnte auch Lloyd George ein Plebiszit in Nordböhmen und Nordmähren ab, da die Deutschen für einen Anschluss an Deutschland stimmen würden.[8] Andererseits sagte Beneš im berühmten *Mémoire III* den Deutschen in den böhmischen Ländern dieselben Rechte wie den „Tschechoslowaken" zu. Schließlich drängte Clemenceau auf eine möglichst große Tschechoslowakei mit der Kontrolle wichtiger Eisenbahnlinien und der Donauschifffahrt, um als Barriere gegen weiterhin befürchtete Expansionen Deutschlands und Sowjetrusslands wirken zu können. Oberst House akzeptierte in Vertretung Wilsons die historischen Grenzen der böhmischen Länder. Der tschechische Standpunkt hatte sich ohne Kompromisse durchgesetzt, da der um viele Minderheiten vergrößerte tschechoslowakische Staat keinem Großmachtinteresse im Wege stand.

Die rumänische Delegation unter Führung des Ministerpräsidenten Ion I. C. Brătianu trat am 31. Jänner 1919 vor den „Rat der Zehn" und verlangte die Einlösung der Zusicherungen der Alliierten für den Kriegseintritt Rumäniens im August 1916. Diese umfassten Siebenbürgen, den Banat, die östlichen Gebiete der ungarischen Tiefebene mit den mehr-

---

[7]   ADÖ 1, Dok. 185.

[8]   HÁJKOVÁ und HORÁK, *Edvard Beneš*, Dok. 69.

heitlich ungarischen Städten *Arad*, Nagyvárad/*Oradea* und Szatmár-Németi/*Satu Mare* sowie die österreichische Bukowina mit gemischter ukrainischer, rumänischer, jüdischer und deutscher Bevölkerung. Nach dem Abzug der deutschen Mackensen-Armee aus der Walachei im November 1918 konnte die rumänische Armee die meisten der beanspruchten Gebiete nördlich und westlich der Karpaten bereits im Winter 1918/19 besetzen. Clemenceau wünschte ein starkes Rumänien als Gegengewicht zu Sowjetrussland und sah daher keinen triftigen Grund, den rumänischen Forderungen gegenüber Ungarn und Österreich entgegenzutreten.

Über die Zugehörigkeit des Banats kam es freilich zum Streit unter den Verbündeten. Den alliierten Spitzenvertretern war bewusst, dass im Banat nicht nur Rumänen und Serben, sondern auch Magyaren und Deutsche siedelten. Der „Rat der Zehn" setzte eine „Commission on Romanian and Yugoslav Affairs" ein, die am 18. März 1919 einen Teilungsvorschlag unterbreitete: Zwei Drittel des Banats gingen an Rumänien, ein Drittel kam zum Königreich SHS. Am 13. Juni 1919 akzeptierte der „Rat der Vier" diese Entscheidung.

Sofort nach dem Waffenstillstand vom 3. November 1918 begannen italienische Einheiten Triest/*Trieste*/*Trst*, Görz/*Gorizia*/*Gorica*, Pola/*Pula*, Fiume/*Rijeka*, Zara/*Zadar* und Sebenico/*Šibenik* zu besetzen und bis knapp vor Laibach/*Ljubljana* vorzurücken. Da sich südslawische Proteste als nutzlos erwiesen, beschloss der Nationalrat der Slowenen, Kroaten und Serben am 21. November 1918, seine Truppen dem Kommando serbischer Offiziere zu unterstellen, die als Entente-Offiziere galten. In der Atmosphäre sozialrevolutionärer Spannungen in Kroatien-Slawonien sowie angesichts der Bedrohung seitens vorrückender italienischer Truppen bildete eine Mehrheit des Agramer Nationalrates eine 28-köpfige Delegation, die am 27. November nach Belgrad fuhr. Der Nationalrat erklärte sich bereit, die Regierungsmacht auf dem gesamten Territorium des Staates der Slowenen, Kroaten und Serben auf König Petar bzw. auf den Regenten Aleksandar zu übertragen und wünschte die Einrichtung einer gemeinsamen parlamentarischen Regierung und einer gemeinsamen Volksvertretung. Der Prinzregent akzeptierte diese Adresse und verkündete am 1. Dezember 1918 im Namen seines Vaters

die Vereinigung Serbiens mit den Ländern des unabhängigen Staates der Slowenen, Kroaten und Serben zum vereinigten Königreich der Serben, Kroaten und Slowenen.

Bereits am 22. Dezember 1918 bildete die erste jugoslawische Regierung eine gemischte Delegation für die Friedenskonferenz mit dem serbischen Ministerpräsidenten Nikola Pašić als Delegationsleiter, dem neuen jugoslawischen Außenminister Ante Trumbić aus Split, dem serbischen Gesandten in Paris, Milenko Vesnić, und dem slowenischen Professor für Staatsrecht, Ivan Žolger. Obwohl Prinzregent Aleksandar am 6. Jänner 1919 noch einmal betont hatte, dass die jugoslawische Friedensdelegation „nur die ethnographischen Grenzen unseres Volkes" verlangen sollte, präsentierte diese am 18. Februar 1919 vor dem „Rat der Zehn" eine ganze Reihe weitergehender territorialer Forderungen, die auch ein Drittel von Kärnten mit Klagenfurt und Villach, die ganze Untersteiermark mit Marburg/*Maribor*, Südungarn mit Pécs, Szabadka/Maria-Theresiopel/*Subotica*, Szeged, Arad und Temesvár/Temeschwar/*Timişoara* sowie die mehrheitlich italienischen Städte Fiume, Pola, Triest und Görz umfassten. Die jugoslawischen Geographen und Historiker argumentierten u. a. mit der Italienisierung im Küstenland, der Germanisierung in Kärnten und der Steiermark und der Magyarisierung in Südungarn, und versuchten die Häfen von Triest und Fiume als unverzichtbar für die slowenische bzw. kroatische Wirtschaft darzustellen.

Bereits am 1. November 1918 hatte der Kommandant des k. k. Landsturm-Bezirkskommandos Nr. 26 in Marburg, der slowenische Major Rudolf Maister, die militärische Macht in Marburg und Umgebung an sich gerissen und ein „steirisches Grenzkommando" aufgebaut. Die steiermärkische Landesregierung unterließ militärische Gegenmaßnahmen, da sie die Unterbrechung der Nahrungsmittelzufuhr aus der Untersteiermark befürchtete. Der südslawische Vormarsch in Unterkärnten ging jedoch nur langsam voran, und am 5. Dezember 1918 fasste die Provisorische Kärntner Landesversammlung den Beschluss, „dem Eindringen jugoslawischer Truppen entgegenzutreten", freilich nicht Entente-Truppen. Nach den Weihnachtstagen 1918 ergriff die Kärntner Seite unter der politischen Führung von Landesverweser Arthur Lemisch und unter dem militärischen Kommando des Landesbefehlshabers Oberstleutnant Ludwig Hülgerth die Offensive, und Offiziere und Mannschaften der ehemaligen Kärntner Regimenter eroberten bis 8. Jänner 1919 etwa die Hälfte des südslawisch besetzten Kärntner Unterlandes zurück. Dieser militärische Widerstand von deutsch- und slowenischsprachigen Unterkärntnern wurde letzten Endes vorentscheidend für die künftige Grenzziehung. Nachdem sich die beiden US-amerikanischen Offiziere, Oberstleutnant Sherman Miles und Leutnant LeRoy King, auf Ersuchen der steiermärkischen und Kärntner Landesregierung und mit Billigung ihres Vorgesetzten Professor Coolidge in die Grazer Waffenstillstandsverhandlungen eingeschaltet hatten, wurde ihr Vermittlungsangebot akzeptiert.

Miles brach bereits am 27. Jänner 1919 mit seiner Mission von Graz nach Marburg auf, wo er von Maister empfangen wurde. Während der slowenische General dem amerikanischen Oberstleutnant im Rathaus die slowenischen Forderungen erläuterte, fand vor dem Rathaus eine große deutsch-österreichische Demonstration mit Tausenden Teilnehmern statt. Die Menge umringte einen südslawischen Offizier und schlug ihn nieder, worauf die von Maister postierten jugoslawischen Truppen ohne Kommando das Feuer eröffneten, dreizehn Menschen erschossen und sechzig verwundeten. Die Miles-Mission bereiste zwischen dem 28. Jänner und 6. Februar 1919 eine ganze Reihe von Kleinstädten, Märkten und Dörfern im ethnisch gemischten Unterkärnten, sprach mit weltlichen und geistlichen Honoratioren, Bauern und Arbeitern, Marktbesuchern und Schulkindern. Schon am 7. Februar erstattete die Mission einen ersten Bericht an Coolidge, wobei Miles, Martin und King in ihrem Mehrheitsbericht konstatierten, „dass das ganze [Klagenfurter] Becken mit Ausnahme der Gemeinde Seeland eine geographische und wirtschaftliche Einheit bilde, und dass es Österreich zugeteilt werden solle, weil die Mehrheit der Bevölkerung, selbst jene slowenischer Nationalität, es so wünsche". Während Miles feststellte, „we strongly recommend that the final frontier between Austria and Yugoslavia in the province of Carinthia be drawn along the watershed of the Karawanken Mountains", empfahl das Missionsmitglied Professor Robert Kerner die Drau-Mur-Linie als

„good boundary".[9] Coolidge schloss sich mit wenigen Änderungen dem Mehrheitsbericht an und entsandte Miles zur persönlichen Berichterstattung nach Paris. Die jugoslawische Friedensdelegation protestierte zwar gegen eine Veröffentlichung, und der französische Außenminister Pichon sprach von „actions of a certain Mister Coolidge"; aber der „Rat der Zehn" wies die Kärntner und steirische Grenzfrage der „Commission on Romanian and Yugoslav Affairs" zum Studium zu.

Als diese Kommission unter dem Vorsitz des späteren französischen Außenministers André Tardieu im März und April 1919 auch über die Grenzziehung zwischen Jugoslawien und Österreich beriet, zeichnete sich sehr rasch ab, dass der französische und der britische Delegierte Marburg und Umgebung an Jugoslawien anschließen wollten, während der italienische Delegierte zu Deutsch-Österreich hielt. Der Amerikaner Charles Seymour plädierte hingegen unmissverständlich für die Belassung des Klagenfurter Beckens bei Österreich, und zwar sowohl aus wirtschaftlichen Gründen als auch infolge des militärischen Widerstan-

des der deutsch- und slowenischsprachigen Unterkärntner, den „man wie eine Volksabstimmung auslegen kann". Schließlich empfahl die Tardieu-Kommission dem „Rat der Vier", Marburg Jugoslawien zuzuteilen, die Bevölkerung des Klagenfurter Beckens aber befragen zu lassen. In intensiven Diskussionen am 9. und 10. Mai 1919 fixierten die Außenminister der fünf Großmächte die Grenzen des Abstimmungsgebietes. Am 12. Mai akzeptierten Clemenceau, Wilson und Lloyd George die Abhaltung eines Plebiszits in Unterkärnten. Jetzt versuchte die jugoslawische Friedensdelegation eine Teilung des Klagenfurter Beckens ohne Plebiszit herbeizuführen. Aber weder ein jugoslawischer Großangriff auf Unterkärnten, der Anfang Juni 1919 zur Besetzung von Klagenfurt führte, noch die Vorsprache einer slowenischen Delegation unter Führung des Laibacher Bischofs Jeglič bei Wilson konnte an den Pariser Entscheidungen etwas ändern.

Die italienischen Delegierten hatten am 7. Februar 1919 dem „Rat der Zehn" ein Memorandum vorgelegt, in dem die Einverleibung Tirols bis zum Brenner gefordert wurde, zusätzlich des Sextener Tals und des Talkessels von Tarvis / *Tarvisio*. Mit

Berufung auf Wilsons Grundsätze sprach das Memorandum von der Befreiung seiner unterdrückten Brüder im Trentino, an der oberen Etsch und in Julisch Venetien, hob eine „geographische und politische Einheit" von Trentino und Alto Adige hervor, in der angeblich 420.000 Italiener und nur 180.000 Deutsche lebten (tatsächlich waren es 220.000, dazu 19.000 Ladiner), und führte die Notwendigkeit der strategischen Brennergrenze ins Treffen. Die britische Meinung war zwischen War Office und Foreign Office geteilt, schließlich setzte sich aber die Haltung durch, dass man Italien die im Londoner Vertrag von 1915 zugesagte Linie belassen müsse. Die „Inquiry" hatte am 21. Jänner eine Teilung Deutsch-Südtirols vorgeschlagen, wonach das Etschtal mit Bozen / *Bolzano* und Meran / *Merano* an Italien, das Eisack- und Pustertal mit Brixen / *Bressanone* und Bruneck / *Brunico* bei Österreich bleiben sollten. Wilson, der aus unerfindlichen Gründen eine Vorliebe für die Lösung des adriatischen Problems zugunsten Jugoslawiens hatte, war offensichtlich schon seit Ende Jänner 1919 bereit, im Bereich der Alpengrenze den italienischen Standpunkt zu übernehmen.

---

[9]   ALMOND and LUTZ, *St. Germain*, 361–62.

Bereits am 22. März 1919 hatte der Verfassungsausschuss der Tiroler Landesversammlung in einer Note an den „Rat der Zehn" gewarnt, dass die Zerreißung Tirols den Anschluss Nordtirols an Deutschland „geradezu erzwingen" würde. Die Tiroler Landesregierung und der Akademische Senat der Universität Innsbruck wandten sich dann „in höchster Gefahr" sogar an den deutschen Außenminister Brockdorff-Rantzau, und sie erklärten drohend: „Niemals wird sich der selbständige, freie Tiroler Bauer unter das Joch des italienischen Herrn beugen." Am 3. Mai 1919 erklärte die Provisorische Landesversammlung als höchste Instanz der Gesetzgebung sogar die Absicht, „das geschlossene deutsche und ladinische Landesgebiet bis zur Salurner Klause als selbständigen, demokratischen und neutralen Freistaat Tirol auszurufen", wenn nur damit die Einheit dieser Gebiete gewahrt werden könne, doch stimmte auch dieser Verzweiflungsschritt die Friedenskonferenz nicht mehr um.

Schon im Februar 1919 hatte der italienische Ministerpräsident Orlando bei seinen Hauptalliierten durchgesetzt, dass die Regelung der Adriafrage in der alleinigen Kompetenz des „Rates der Zehn" verbleibe.

Selbstverständlich beharrte die italienische Delegation auf den Zusagen aus dem Londoner Vertrag. Als Präsident Wilson Mitte April 1919 den die ethnische Verhältnisse weitgehend berücksichtigenden Kompromissvorschlag machte, den Ostteil des Gebietes von Görz und von Istrien sowie Fiume und ganz Dalmatien an Jugoslawien anzuschließen, kam es zu „stürmischen" Auseinandersetzungen zwischen Wilson und Orlando, sodass Orlando nach Rom zurückfuhr. Im Juni schlug Wilson schließlich die Schaffung eines Freistaats Fiume vor. Im Vertrag von Saint-Germain blieb die Abgrenzung an der Adria offen.

Der Einmarsch von Gabriele d'Annunzio mit seinen Legionären in Fiume/*Rijeka* am 12. September 1919 verschlechterte freilich die jugoslawische Verhandlungsposition. Nach bewaffneten Zwischenfällen verlangte die neue italienische Regierung unter Giovanni Giolitti die Grenze in Istrien am Mount Nevoso/*Snežnik*, Fiume als unabhängigen Staat mit territorialer Verbindung zu Italien, sowie die Quarnero-Inseln Cherso/*Cres* und Lussino/*Lošinj*, war im Gegenzug aber bereit, ganz Dalmatien – mit Ausnahme von Zara/*Zadar* und einigen Inseln – Jugoslawien zu über-

lassen. Nach der Kärntner Volksabstimmung fuhren Ministerpräsident Vesnić und Außenminister Trumbić nach Italien und unterzeichneten am 12. November 1920 den Vertrag von Rapallo, der Italien das gesamte österreichische Küstenland überließ, Fiume zu einem Freistaat machte und in Dalmatien nur die Stadt Zara und zwei Inseln an Italien anschloss. Etwa 350.000 Slowenen und 150.000 Kroaten wurden neue nationale Minderheiten in Italien, die – ebenso wie die deutschen Südtiroler – keine Minderheitenrechte erhielten. Bereits im Jahre 1924 wurde der Freistaat zwischen Italien und Jugoslawien geteilt.

DIE ÖSTERREICHISCHE FRIEDENSDELEGATION IN PARIS

Erst Anfang Mai 1919 erging seitens der alliierten und assoziierten Mächte an die österreichische Regierung die Einladung, „zur Prüfung der Friedensbedingungen" nach Paris zu kommen. Trotz weitgehender Abhängigkeit der jungen Republik von den Lebensmittel- und Kohlelieferungen der Alliierten, legte das Wiener Staatsamt für Äußeres als Leitlinie nicht nur die Berufung auf das Selbstbestimmungsrecht fest, sondern erhob auch deutliche

Forderungen hinsichtlich der Zugehörigkeit Deutschböhmens, des Sudetenlandes und Deutsch-Südtirols zu Deutsch-Österreich; ebenso verlangte es die Verteidigung der Städte und der Bahnlinie Villach–Klagenfurt–Marburg sowie eine Volksabstimmung für Deutsch-Westungarn. Das Aufwerfen der „Anschlussfrage" sollte erst nach Erledigung der territorialen und der wichtigsten wirtschaftlichen Fragen erfolgen. So sei die Liquidation des Staatsvermögens und der Staatsschuld auf alle Nachfolgestaaten aufzuteilen und mit den Nachfolgestaaten eine Vereinbarung der Verkehrs- und Handelsfreiheit zu treffen, einschließlich einer Internationalisierung der Südbahn und des Hafens von Triest.[10]

Am 29. Mai erhielt der österreichische Delegationsleiter, Staatskanzler Karl Renner, die offizielle Mitteilung, dass die alliierten und assoziierten Mächte die neue Republik unter der Bezeichnung „Republik Österreich" anerkennen. Am 2. Juni wurde Renner Gelegenheit gegeben, in der großen Halle des Schlosses von Saint-Germain die Standpunkte der Österreicher vor der Friedenskonferenz vorzutragen. Renner unterstrich in französischer Sprache, dass Bevölkerung und Gebiet der Monarchie insgesamt die Verantwortung für die Folgen des Krieges trügen, dass die Republik Deutsch-Österreich als solche niemals Krieg geführt habe – weder gegen die Entente noch gegen die neuen Nachfolgestaaten –, und dass die österreichische Delegation hoffe, „dass das Gewissen der Welt auch unserem Volke jenes unveräußerliche Selbstbestimmungsrecht nicht verweigern" werde, „welches für unsere Nachbarvölker mit unserer sofortigen und freudigen Zustimmung verwirklicht worden ist".[11]

Der von Clemenceau übergebene erste Teil der Friedensbedingungen war jedoch niederschmetternd: Neben Galizien und der Bukowina sollten die gesamten böhmischen Länder, die Untersteiermark, das Klagenfurter Becken und ganz Südtirol anderen Nachfolgestaaten zugeteilt werden, dazu sogar niederösterreichische Gebiete um Feldsberg und Gmünd. Die Tschechoslowakei, Polen, Rumänien, Jugoslawien und Italien sollten das Recht auf entschädigungslose Enteignung von Vermögen österreichischer Staatsbürger und Gesellschaften erhalten, nicht zuletzt auch von Aktienpaketen österreichischer Großbanken. In seinem ersten Kommentar stellte Staatssekretär Bauer fest, dass diese Friedensbedingungen noch viel härter als jene für das Deutsche Reich seien, denn das neue Österreich sei bei Verlust seiner wertvollsten Gebiete und eines sehr großen Teils seiner Kapitalien als selbständiger Staat nicht lebensfähig. Sogar britische Finanzexperten wie John Maynard Keynes und Sir Francis Oppenheimer sahen die finanziellen Bestimmungen im Entwurf des Friedensvertrages „auf irrtümlichen Prämissen aufgebaut". Tatsächlich gelang es Sektionschef Richard Schüller mit einer Antwortnote, die Konfiskation österreichischer Vermögenswerte in den Nachfolgestaaten zu verhindern.

Erst am 20. Juli erhielt die österreichische Friedensdelegation – zusammen mit einer Revision des ersten Teiles – die noch fehlenden Friedensbedingungen. An den alliierten Entscheidungen hinsichtlich der böhmischen Länder und Südtirols war nicht mehr zu rütteln. Immerhin wurde für das Klagenfurter Becken eine Volksabstimmung angesetzt und Deutsch-Westungarn ohne Volksabstimmung Österreich zugesprochen.

---

[10] Instruktion Staatsamt für Äußeres für die Delegation zum Pariser Friedenskongress, Vienna, [May 1919], ADÖ 2, Dok. 232.

[11] RENNER, Deutschösterreich, 53–54.

Auch die Teilung der Wiener Kunst-, Bibliotheks- und Archivsammlungen wurde verhindert. Um auf die „Mauer von Vor- und Fehlurteilen", die im Ausland gegen das deutschösterreichische Volk gerichtet seien, aufmerksam zu machen, trat aber Bauer am 27. Juli 1919 als Staatssekretär zurück, da er nicht hoffen konnte, „Vertrauen bei den französischen Machthabern zu finden, die immer noch, wie schon Marx höhnte, die Zerrissenheit des deutschen Volkes für ein Recht der französischen Nation halten".

Clemenceau hielt in seiner Begleitnote zum Friedensvertrag unmissverständlich fest:

„Das österreichische Volk teilt in weitem Umfange mit seinem Nachbarn, dem ungarischen Volke, die Verantwortlichkeit für die Übel, unter denen Europa während der letzten fünf Jahre gelitten hat. […] der Krieg wurde im Augenblick seiner Erklärung in Wien stürmisch begrüßt, das österreichische Volk war vom Beginne bis zum Ende sein glühender Parteigänger, es hat bis zur endgültigen Niederlage auf dem Schlachtfelde nichts getan, um sich von der Politik seiner Regierung und seiner Verbündeten zu trennen. Angesichts so vieler offenkundiger Beweise muss das öster-reichische Volk entsprechend den geheiligten Regeln der Gerechtigkeit gezwungen werden, seinen vollen Anteil an der Verantwortlichkeit für das Verbrechen, das über die Welt ein solches Unheil gebracht hat, auf sich zu nehmen. […]"[12]

Clemenceau ignorierte in seiner historisch-politischen Argumentation, dass nicht Österreich-Ungarn an Frankreich, Großbritannien, Japan, Italien und die USA den Krieg erklärt hatte, sondern umgekehrt alle fünf Alliierten an Wien. Der Beginn des Weltkrieges wurde nicht nur in Wien und Budapest begrüßt, sondern auch in Paris und London. Clemenceau wusste auch, dass es in der Habsburgermonarchie ab 1917 Demonstrationen, Streiks und Meutereien gegen die Fortführung des Krieges gegeben hatte. Aus den vielfältigen Konfrontationen „geheiligte Regeln der Gerechtigkeit" abzuleiten, kann daher nur als blanker Siegerimperialismus bezeichnet werden, der nicht friedenstiftend wirkte.

Daher war es wenig erstaunlich, dass nach dem Bericht Staatskanzler Renners die deutschösterreichische Nationalversammlung am 6. Septem-ber 1919 „vor aller Welt feierlich ihren Protest dagegen [erhob], dass der Vertrag von Saint-Germain unter dem Vorwand, die Unabhängigkeit Deutsch-Österreichs zu schützen, dem deutschösterreichischen Volke sein Selbstbestimmungsrecht nimmt". Am selben Tag stellten die Landes-vertretungen der deutschen Sudeten-länder, von Tirol, Kärnten, der Steiermark, Ober- und Niederösterreich in einer gemeinsamen Erklärung fest, „dass die territorialen Bedingungen des Friedensvertrages das natürliche nationale Recht auf Selbstbestimmung vergewaltigen und die Grundlagen, auf welchen der Waffenstillstand abgeschlossen wurde, gröblich verletzen". Trotz aller Proteste musste aber die Nationalversammlung mit den Stimmen der Sozialdemokraten und Christlichsozialen aus wirtschaftlichen, sozialen und völkerrechtlichen Gründen Staatskanzler Renner den Auftrag erteilen, den Friedensertrag zu unterzeichnen. Am 10. September 1919, um 11 Uhr vormittags, fand die Zeremonie im Schloss von Saint-Germain statt.[13]

---

[12] Bericht der deutschösterreichischen Friedensdelegation II, 73–75.

[13] Der Vertrag von Saint-Germain wurde am 17. Oktober 1919 von der österreichischen Nationalversammlung als „Staatsvertrag" ratifiziert und trat am 16. Juli 1920 in Kraft.

DER VERTRAG VON SAINT-GERMAIN-EN-LAYE, 10. SEPTEMBER 1919

Der Vertrag von Saint-Germain zählt zu den umfangreichsten Friedensinstrumenten der Weltgeschichte. Die Siegermächte versuchten, Grundsätze privatrechtlicher Vereinbarungen auf den Bereich völkerrechtlicher Beziehungen zu übertragen. Außerdem wurde Österreich zur Einhaltung der kapitalistischen Wirtschafts- und Gesellschaftsordnung verpflichtet, ohne freilich im Finanz- und Handelssystem gleichgestellt zu werden. Der Vertrag von Saint-Germain umfasst 381 Artikel (der Versailler Vertrag 440, der Vertrag von Trianon 364) sowie etliche Annexe und zerfällt in 14 Teile, darunter: die Satzung des Völkerbundes (League of Nations); Österreichs Grenzen; politische Bestimmungen über Europa; außereuropäische Interessen Österreichs; Bestimmungen über Land-, See- und Luftstreitkräfte; Kriegsgefangene und Grabstätten; Wiedergutmachungen; finanzielle und wirtschaftliche Bestimmungen; Häfen, Wasserstraßen und Eisenbahnen; Statut der International Labour Organisation (ILO).

In den Friedensverträgen wurde der Begriff der „Abtretung von Gebieten" vermieden. Im Art. 27 Saint-Germain heißt es lapidar: „Die Grenzen Österreichs werden wie folgt festgesetzt." Dann werden die neuen Grenzverläufe genau beschrieben – beginnend mit der Schweiz und Liechtenstein (die bestehenden Grenzen), gefolgt von der neuen Abgrenzung zu Italien (entlang der Wasserscheide zwischen Inn und Etsch sowie der Drau und dem Tagliamento), der neuen Abgrenzung zu Jugoslawien (in Kärnten unter Ausschluss des Plebiszitgebietes, in der Steiermark entlang der Wasserscheide zwischen Drau und Saggau, dann entlang der Mur zur alten österreichisch-ungarischen Grenze), der neuen Abgrenzung zu Ungarn (von einem Punkt nördlich von Szentgotthárd in nördlicher Richtung zum Neusiedler See und zur Donau südwestlich von Pressburg) und der neuen Abgrenzung zur Tschechoslowakei (entlang der alten niederösterreichischen Grenze mit Ausnahme von Feldsberg und dem Bahnhof von Gmünd sowie der alten oberösterreichischen Grenze) bis zur Grenze mit Deutschland vom 3. August 1914.

Österreich verpflichtete sich im Art. 88 Saint-Germain (ebenso wie Ungarn im Art. 73 Trianon): „The independence of Austria [resp. Hungary] is inalienable otherwise than with the consent of the Council of the League of Nations." Der erwähnte Artikel verlangte also die Anerkennung der neuen staatlichen Ordnung von 1919/20 und formulierte kein explizites aber ein de facto „Anschluss"-Verbot. Der berüchtigte „Kriegsschuld"-Paragraph des Vertrages von Versailles (Art. 231) stellte in erster Linie die rechtliche Verantwortung für Verluste und Schäden fest und musste auch von Österreich (Art. 177) und Ungarn (Art. 161) übernommen werden.

In den finanziellen und wirtschaftlichen Bestimmungen wurden Österreich schwere Bürden aufgelastet: Österreich hatte 36,8 Prozent der nichttitulierten Auslandsschulden (= 13 Milliarden Kronen) und zwei Drittel der 35 Milliarden Kronen an Kriegsanleihen zu übernehmen. Da die österreichisch-ungarische Militärverwaltung während des Krieges eine große Anzahl von Vieh aus den besetzten Gebieten Serbiens, Rumäniens und Italiens abtransportiert hatte, musste Österreich an diese drei Nachfolgestaaten 6.000 Milchkühe, 2.000 Jungkühe, 100 Stiere, 3.000 Kälber, 2.000 Zugochsen, 2.000 Zugpferde, 2.000 Mutterschweine und 2.000 Schafe abliefern. Um diese Reparationsleistungen sicherzustellen, wurde der Reparationskommission ein Generalpfandrecht auf die österreichischen (und ungarischen) Vermögenswerte eingeräumt, das bis Jänner 1930 in Geltung blieb. Das bedeutete, dass „der gesamte Besitz und alle Einnahmequellen Österreichs an erster Stelle für die Bezahlung der Kosten der Wiedergutmachung und aller anderen Lasten, die sich aus dem gegenwärtigen Vertrag ergeben", hafteten. Art. 203 enthielt die Verpflichtung aller Nachfolgestaaten, „einen Teil der auf Eisenbahnen, Salzbergwerken oder anderen Vermögen sichergestellten Schulden der alten österreichischen Regierung nach dem Stand vom 28. Juli 1914 zu übernehmen". Art. 206 stimmte nachträglich den Währungstrennungen der Nachfolgestaaten zu und traf Vorsorge für die Liquidation der Österreichisch-Ungarischen Bank. Art. 207 gestand den Nachfolgestaaten den Erwerb aller ehemaligen Staatsgüter zu, die nun auf ihren Gebieten zu liegen kamen. Damit waren „das Vermögen des ehemaligen Kaiserreichs, alle Krongüter sowie das Privatvermögen der ehemaligen österreichisch-ungarischen Herrscherfamilie" gemeint. Art. 222 Saint-Germain sah vor, dass zwischen Österreich, Ungarn und der Tschechoslowakei ein Präferenzsystem auf fünf Jahre eingeführt werden sollte, um eine engere wirtschaftliche Zusammenarbeit zu fördern, doch blieb der Artikel ein leeres Versprechen, da besonders die Prager Regierung um konsequente wirtschaftliche Abgrenzung bemüht war. Gemäß Art. 222 mussten sich die Tschechoslowakei und Polen zur ungehinderten Lieferung von Kohle an Österreich für die folgenden 15 Jahre verpflichten, während Art. 208 Trianon vorsah, dass Ungarn für die Dauer von fünf Jahren Lebensmittelexporten nach Österreich weder Zölle noch andere Beschränkungen auferlegen durfte.[14]

DIE VOLKSABSTIMMUNGEN IN UNTERKÄRNTEN UND IN DER REGION *SOPRON*/ÖDENBURG

Im Vertrag von Saint-Germain wurde für Unterkärnten eine Volksabstim-

mung festgelegt (Art. 49 und 50), während die Stadt *Sopron*/Ödenburg und Umgebung ohne Volksabstimmung Österreich zugesprochen wurde. Der Vertrag von Trianon bestätigte diese alliierte Entscheidung hinsichtlich Ödenburgs.

Für Unterkärnten wurde ein Plebiszit in zwei Zonen vorgesehen, wobei es in Zone II (Klagenfurt und seine westliche und nördliche Umgebung) nur dann zu einer Abstimmung kommen sollte, wenn sich eine Mehrheit in Zone I (südlich des Wörther Sees und östlich von Klagenfurt) zugunsten Jugoslawiens aussprechen würde. Schon Ende August 1919 war der slowenischen Landesregierung klar geworden, dass ihre politisch-psychologische Ausgangslage für die Volksabstimmung keineswegs günstig war, denn nach einer sogenannten „Kärntner Enquête" am 28. und 29. August 1919 in Ljubljana wurde festgestellt, dass derzeitige Stimmen aus Kärnten keinen günstigen Ausgang der Volksabstimmung versprächen. Regierungschef Janko Brejc erwähnte „die Tatsache, dass unser eigenes Militär sich in sehr vielen Fällen auch der slowenischen Bevölkerung gegenüber so verhalten hat, als befinde es sich in Feindesland. Raubüberfälle und Diebstähle an

---

[14] Im Vertrag von Sèvres vom 10. August 1920 wurden alle neuen Grenzen auf dem Gebiet der ehemaligen Habsburgermonarchie nochmals bestätigt: von den alliierten Großmächten Frankreich, Großbritannien, den USA, Italien und Japan einerseits, sowie Polen, der Tschechoslowakei, Rumänien und dem Königreich der Serben, Kroaten und Slowenen andererseits.

slowenischem Besitz sind leider recht zahlreich".[15] Diese Situation nützte die Deutsch-Kärntner Propaganda, wenn sie die antiserbische und anti-orthodoxe Kriegspropaganda weitertrug, ja sogar die Beständigkeit des jugoslawischen Staates in Frage stellte. Besonders wirksam dürfte das zweisprachige Wahlplakat gewesen sein, auf dem ein slowenischer Bauernsohn seine Mutter bat, nicht für Jugoslawien zu stimmen, da er sonst für König Peter einrücken müsse. Dagegen halfen auch keine antisemitischen und sexistischen Untergriffe, wenn die slowenische Propaganda in Flugzetteln nicht nur vor der „Wiener Judenwirtschaft" warnte, sondern auch die zivilrechtliche Verankerung der Ehe in Wien angriff.

Darüber hinaus dürften vier Maßnahmen der slowenischen Verwaltung den Ausgang der Volksabstimmung wesentlich zuungunsten Jugoslawiens beeinflusst haben: die Amtsenthebungen von weit über hundert öffentlich Bediensteten, die Entziehung der Konzession bei

---

[15] Brejc an Protić, 6. September 1919, und Anketa. Ukrepi za izvedbo plebiscita na Koroškem [Enquête. Die Maßnahmen zur Ausführung des Plebiszits in Kärnten], *Inštitut za narodnostna vprašanja*, Ljubljana, Fasz. 30/7 und 144.

Dutzenden von Gastwirten, die Flucht von über 2.000 Menschen aus der Abstimmungszone I nach Mittel- und Oberkärnten und die Beschlagnahme und Sequestrierung Dutzender Großgrundbesitzungen, Industrieunternehmungen und Handelsfirmen. Nicht zuletzt agitierte die deutschösterreichische Sozialdemokratie erfolgreich unter den slowenischen Arbeitern zugunsten eines Verbleibs bei Österreich. Die Kärntner Landesregierung organisierte unter Mithilfe der Wiener Regierung auch konkrete „Fürsorgeaktionen" für die notleidende Bevölkerung im Abstimmungsgebiet, vorerst freilich nur für die Zone II. Als am 6. August 1920 die Demarkationslinie wieder geöffnet wurde, eilte die Bevölkerung der Zone I nach Klagenfurt und stürmte vor allem die Manufakturgeschäfte und Eisenhandlungen. Die Öffnung der Demarkationslinie zwischen den beiden Abstimmungszonen war von der im Juli 1920 in Klagenfurt eingetroffenen interalliierten Plebiszitkommission erzwungen worden.

Am 10. Oktober 1920 nahmen schließlich fast 96 Prozent der über 39.000 abstimmungsberechtigten Unterkärntnerinnen und Unterkärntner am Plebiszit in der Zone I teil, das von der interalliierten Kommission in ziemlicher Ruhe und in korrekter Form durchgeführt werden konnte. Obwohl es in zwei Distrikten eine knappe Mehrheit für Jugoslawien gab, fiel das Gesamtergebnis mit 22.025 Stimmen für Österreich (59,04 Prozent) gegenüber 15.279 Stimmen für Jugoslawien (40,96 Prozent) doch eindeutig aus. Je etwa 11.000 Deutsche und Slowenen dürften für Österreich, nur gut 15.000 Slowenen für Jugoslawien gestimmt haben. Da dieses Ergebnis in Politik und Öffentlichkeit Sloweniens als nationale Katastrophe aufgefasst wurde, gab es kurzzeitig militärische und diplomatische Versuche, die Räumung der Plebiszitzone zu verhindern, doch anerkannte die Botschafterkonferenz in Paris das Ergebnis des Kärntner Plebiszits, und die Plebiszitkommission unterstellte am 18. November 1920 die Zone I wieder der Souveränität der Republik Österreich. Der Versuch der jugoslawischen Regierung Ende März 1921 (sechs Tage nach der Volksabstimmung in Oberschlesien), doch noch eine Teilung des Kärntner Abstimmungsgebietes entlang der Drau zu erreichen, wurde von der alliierten Botschafterkonferenz am 2. Juni 1921 endgültig abgewiesen.

Während am 13. Juni 1919 in Paris bereits die wesentlichen Entscheidungen hinsichtlich der neuen Grenzen Ungarns im Norden und Osten gefallen waren, hatte der Oberste Rat in dem am 2. Juni 1919 übergebenen ersten Teil der Friedensbedingungen die Grenze von 1867 zwischen Österreich und Ungarn unverändert belassen. Die österreichische Delegation brachte nun nationale, ökonomische, strategische und historische Argumente vor, und Renner unterstrich auch den ideologischen Gesichtspunkt gegenüber der „bolschewikischen Regierung" in Budapest. Nach Diskussionen im Obersten Rat am 1. und 2. Juli schwenkten die amerikanische und britische Delegation auf ein Entgegenkommen gegenüber Österreich in Westungarn ein. So entschied sich die zuständige Territorialkommission unter Berücksichtigung der nationalen Selbstbestimmung und der besseren Versorgungsmöglichkeit Wiens mit Lebensmitteln, dem Obersten Rat eine neue Grenze zwischen Österreich und Ungarn vorzuschlagen. Im zweiten Teil der Friedensbedingungen, die der österreichischen Delegation am 20. Juli überreicht wurden, wurde die österreichisch-ungarische Grenze auf eine Linie zwischen Pressburg/Pozsony/*Bratislava* und Radkersburg/Radgona nach Osten verschoben, wodurch 350.000 überwiegend deutschsprachige Einwohner Westungarns Österreich zugeteilt werden sollten.[16]

Die Interalliierte Militärmission in Budapest teilte bereits am 16. September 1919 dem ungarischen Außenminister mit, das westungarische Gebiet „has now been definitely assigned to the German-Austrian Republic [sic!]", und dass ungarische Beamte ihre Tätigkeit einstellen müssten. Da aber nun Übergriffe von ungarischen Truppen auf die deutsch-österreichische Bevölkerung zunahmen, ersuchte die österreichische Regierung in mehreren Noten, alliierte Offiziere nach Westungarn zu entsenden und die Bevölkerung in Schutz zu nehmen. Der britische Sondergesandte Sir George Clerk empfahl zwar im November 1919, den Rückzug der ungarischen Truppen aus Westungarn mit dem Rückzug der rumänischen Truppen aus Ostungarn zu verbinden, der Oberste Rat kam aber diesem Vorschlag eines Junktims nicht nach. Inzwischen hatten sich die Machtverhältnisse in Ungarn stark verschoben. Der ehemalige k. u. k. Kontreadmiral Miklós Horthy war im November 1919 an der Spitze seiner Truppen in Budapest eingeritten und hatte im Jänner 1920 Neuwahlen durchführen lassen. Am 28. Februar proklamierte das neue Parlament Ungarn zum Königreich, und am 1. März 1920 wählte die Nationalversammlung Horthy zum Reichsverweser.

Horthy hatte schon im November 1919 Außenminister Pál Graf Teleki mit Vorbereitungsarbeiten für die Friedenskonferenz beauftragt, die einerseits die Integrität des historischen Ungarns untermauern, andererseits auch ein kleineres, stärker ethnisch abgestecktes Ungarn begründen helfen sollten. Als Leiter der ungarischen Delegation zur Friedenskonferenz wurde aber nicht Teleki, sondern der wesentlich ältere, ehemalige k. u. Unterrichtsminister Albert Graf Apponyi bestimmt, der über gute Kontakte zu westlichen Politikern verfügte. Nach Übernahme der Friedensbedingungen von Clemenceau hob Apponyi in seiner Rede vor dem Obersten Rat am 16. Jänner 1920 hervor, dass Ungarn härter bestraft werde als die anderen

---

[16] Supreme Council an die österreichische Friedensdelegation, 20. Juli 1919, in: BERLIN, Akten und Dokumente, Dok. 41, 43, 45.

besiegten Nationen. Es verliere zwei Drittel seines Territoriums und seiner Bevölkerung, werde von seinen Märkten und seinen Rohstoffquellen abgeschnitten und erwarte auch noch hohe Reparationen. Dreieinhalb Millionen Magyaren würden künftig jenseits der ungarischen Grenzen leben. Frankreich hielt jedoch Ungarn vor, dass es seit 1867 die preußische Politik, später den deutschen Imperialismus unterstützt habe.

Als am 6. Mai 1920 die Botschafterkonferenz der ungarischen Delegation die endgültigen Friedensbedingungen übersandte, hieß es im Begleitbrief des neuen Präsidenten der Friedenskonferenz, des französischen Ministerpräsidenten Alexandre Millerand:

„The nationality situation in Central Europe is such that it is not possible to make political frontiers fully agree with ethnic frontiers. As a result of this, the powers, although not without regret, had to decide to leave certain areas with ethnic Hungarian or Magyar population under the sovereignty of other states. [...] The demand of the nations was expressed in the two months of October and November 1918, when the Dual Monarchy disintegrated and the long oppressed nations united with their Italian, Romanian, Yugoslav, and Czechoslovak brothers."[17]

Tatsächlich waren Vorentscheidungen für die künftigen Grenzziehungen bereits seit Herbst 1918 gefallen, als serbische, rumänische und tschechoslowakische Truppen vom Süden, Osten und Norden in Ungarn eingerückt waren und von den alliierten Mächten gedeckt wurden. Regierung und Parlament in Budapest blieb nun nichts anderes übrig, als den demütigenden Friedensvertrag zu unterschreiben. Die Unterzeichnungszeremonie fand am 4. Juni 1920 im Grand Trianon Palais in Versailles statt.

Auf Druck der Botschafterkonferenz wurde zwischen Budapest und Wien für den 29. August 1921 die Übergabe der in den Verträgen von Saint-Germain und Trianon Österreich zugesprochenen Teile der westungarischen Komitate festgesetzt. Als aber Ende August 1921 österreichische Gendarmerie ins künftige Burgenland einrücken wollte, stieß sie auf bewaffneten Widerstand von ungarischen Freischärlern, die von regulären Einheiten unterstützt wurden. Obwohl der Ballhausplatz unverzüglich die Alliierten alarmierte,

stellten ihre diplomatischen Vertreter kein Ultimatum. Nun machte der italienische Außenminister Pietro Tomasi Marchese della Torretta in Venedig den Vermittlungsvorschlag, im umstrittenen Gebiet von *Sopron / Ödenburg* doch ein Plebiszit abzuhalten, auf den Österreich mangels anderwärtiger Unterstützung resignierend einging. Eine alliierte Generalskommission sollte diese Maßnahmen überwachen und acht Tage nach der völligen Pazifizierung in der Stadt Sopron und deren Umgebung eine Volksabstimmung durchführen.[18]

Tatsächlich räumten die ungarischen Freischärler bis zum 16. November die besetzten Gebiete, worauf österreichische Truppen vier Tage später mit dem Einmarsch ins Burgenland beginnen konnten. Zugleich erhielt die österreichische Regierung von der Generalskommission das Reglement für die Volksabstimmung, die am 14. Dezember in Sopron, am 16. Dezember in den umliegenden Gemeinden stattfinden sollte. Als

---

[17] Deák and Ujváry, *Papers* 1, 918.

[18] Verhandlungen in Venedig, Oktober 1921; Protokoll von Venedig, 13. Oktober 1921, in ADÖ 4, Dok. 584, 585; Ádám, Litván, and Ormos, *Documents d'archives français* III, doc. 333, 335, 337, 344, 350, 361, 372, 379, 384, 385, 386, 391, 397, 398.

freilich der österreichische Vertreter bei der Generalskommission bei der Zusammenstellung der Abstimmungsverzeichnisse „die gröbsten Unrichtigkeiten" feststellte und den ungarischen Behörden „schrankenlose Propaganda zugunsten Ungarns" vorwarf, telegraphierte Bundeskanzler Schober am 13. Dezember der Generalskommission, dass Österreich an der Volksabstimmung nicht teilnehmen werde und die Ergebnisse der Abstimmung nicht anerkennen könne. Außenminister Torretta machte aber dem österreichischen Gesandten in Rom klar, dass sich die Botschafterkonferenz über eine Weigerung der österreichischen Regierung, an der Abstimmung teilzunehmen, hinwegsetzen und „die Abstimmung und die Zusprechung des Territoriums vornehmen" werde.

Aufgrund der ungarischen Volkszählung von 1910 hätte Österreich gute Chancen gehabt, die Volksabstimmung zu gewinnen, da in der Stadt Sopron selbst noch 51 Prozent der Einwohner Deutsch und nur 44,3 Prozent Ungarisch als Muttersprache angegeben hatten, während sechs Dörfer in der Umgebung mehrheitlich Deutsch sprachen, ein Dorf überwiegend Kroatisch und nur eines eindeutig Ungarisch. Freilich

hatten sich die Verhältnisse über den Ersten Weltkrieg hinweg verändert. So stimmten am 14. Dezember 1921 in der Stadt Sopron 72,8 Prozent der an der Abstimmung Teilnehmenden für Ungarn, während sich nur 27,2 Prozent für eine Angliederung an Österreich entschieden. In den angrenzenden acht Dörfern sprachen sich 54,6 Prozent für Österreich aus und nur 45,4 Prozent für Ungarn. Nach dem Venediger Protokoll waren beide Ergebnisse zusammenzuzählen, sodass sich insgesamt eine Mehrheit von 65,1 Prozent für Ungarn ergab.

Die von der österreichischen Regierung bei der Botschafterkonferenz erhobenen Vorwürfe hinsichtlich pro-ungarischer Haltung der Generalskommission und Manipulation der Wählerlisten trafen zwar zu, übersahen aber die mehrheitlich proungarische Haltung des Ödenburger Bürgertums und der mit ihm kooperierenden Intelligenz, die in ungarischen Schulen zweisprachig erzogen worden waren und für die das verarmte Österreich wenig attraktiv erschien. Die ungarische Regierung richtete schon am 25. Dezember eine Note an Bundeskanzler Schober, in der sie in verbindlicher Form eine Wiederholung der

Abstimmung ablehnte, da sie „die schwersten Komplikationen zur Folge haben" könne. Andererseits sagte die ungarische Regierung bilaterale Regierungsverhandlungen über wirtschaftliche Angelegenheiten zu, vor deren Hintergrund Schober den Ententevertretern in Wien schon am 31. Dezember versprach, seine Einwendungen gegen das Plebiszit nicht aufrechtzuerhalten. So konnte Bundespräsident Michael Hainisch das Venediger Protokoll ratifizieren, worauf die Ententekommission am Neujahrstag 1922 Sopron samt Umgebung offiziell an Ungarn übergab.

DIE AUFTEILUNG DER HABSBURGERMONARCHIE UNTER DEN NACHFOLGESTAATEN

Die Habsburgermonarchie hatte 1910 676.614 km² umfasst, mit 51,390.649 Einwohnern; davon waren 300.004 km² mit 28,572.360 Einwohnern auf Österreich (Cisleithanien) entfallen, 325.411 km² mit 20,886.487 Einwohnern auf Ungarn (Transleithanien) und 51.199 km² mit 1,931.802 Einwohnern auf Bosnien-Herzegowina. Auf Grund der neuen Grenzfestlegungen in den Friedensverträgen von Saint-Germain und

Trianon und nach den Volksabstimmungen in Unterkärnten und in der Region *Sopron*/Ödenburg wurde die Habsburgermonarchie wie folgt aufgeteilt.

Vom Gebiet des österreichischen Teils der Monarchie verblieben der neuen Republik Österreich nur mehr 27,9 Prozent, von den Einwohnern gar nur 22,8 Prozent. Vom Gebiet der ehemaligen Länder der Stephanskrone verblieben dem neuen Königreich Ungarn lediglich 29,5 Prozent, von den Einwohnern 38,3 Prozent. Nach ihrer nationalen Zusammensetzung waren Polen, die Tschechoslowakei und Rumänien Nationalitäten-Staaten, in denen die neuen „Staatsnationen" nur etwa zwei Drittel der Bevöl

Tabelle: Die Aufteilung des Territoriums und der Bevölkerung der Habsburgermonarchie auf die Nachfolgestaaten[19]*.*

Staaten	Fläche 1910 in km²	Einwohner 1910	Fläche 1921/23 in km²	Einwohner 1921/23
Österreich-Ungarn	676.614	51,390.649	–	–
Republik Österreich	83.709	6,647.241	83.871	6,535.363
Tschechoslowakische Republik	140.184	13,546.307	140.394	13,613.172
Königreich Ungarn	92.833	7,606.971	93.026	7,980.143
Freistaat Fiume	28	52.891	28	52.891
Königreich Italien	23.351	1,590.422	310.137	38,710.576
Königreich der Serben, Kroaten und Slowenen	143.297	7,696.843	248.665	11,984.911
Republik Polen	80.089	8,196.458	388.635	27,184.836
Königreich Rumänien	113.123	6,053.516	294.967	17,393.149

kerung stellten. Das neue Königreich der Serben, Kroaten und Slowenen zählte neben den „Staatsvölkern" der Serben, Kroaten und Slowenen etwa 25 Prozent an nationalen Minderheiten. Obwohl diese Nachfolgestaaten mit den Alliierten Minderheitenverträge abschließen mussten, die inhaltlich den Minderheitenschutzbestimmungen in den Verträgen von Saint-Germain und Trianon gleichkamen, entsprach die Qualität des neuen Minderheitenschutzes kei

neswegs der des alt-österreichischen Nationalitätenrechts von 1867.

Zu den Pariser Friedensverträgen fällte die britische Historikern Zara Steiner ein sehr deutliches Urteil: „The treaties with Austria, Hungary, and Bulgaria were far harsher and more vindictive than the one with Germany. The Austrian and Hungarian settlements were punitive in the extreme; the former was left in a perilous economic state, and the latter, if economically viable, was so

[19] Die Ergebnisse der Volkszählung vom 31. Dezember 1910 in den vom Reichsrate vertretenen Königreichen und Ländern (Vienna, 1912); *A magyar szent korona orszagainak 1910. évi népszámlálása* VI: Zusammenfassung der Endergebnisse (Budapest, 1924); Volkszählung in der Čechoslovakischen Republik vom 15. Februar 1921 (Prag, 1924); *Definitivni rezultati popisa stanovništva od 31 jan. 1921* (Sarajevo, 1932); Helmut RUMPLER und Anatol SCHMIED-KOWARZIK (Hg.), Die Habsburgermonarchie 1848–1918, Bd. XI: Die Habsburgermonarchie und der Erste Weltkrieg, Teil 2: Weltkriegsstatistik Österreich-Ungarn 1914–1918: Bevölkerungsbewegung, Kriegstote, Kriegswirtschaft (Wien, 2014), Tab. 1, 2 und 3.

stripped of territories and people as to guarantee its revisionist status. […]"[20]

Die Pariser Friedensverträge ließen viele Probleme ungelöst: das Problem der deutschen und polnischen Ostgrenzen, die Reparationsfrage, die „Anschluss"-Frage, die Probleme der deutschen Grenzlandminderheiten in Polen, der Tschechoslowakei, Jugoslawien und Italien, die tschechoslowakische Frage, die Probleme der ungarischen Grenzlandminderheiten in der Tschechoslowakei, Rumänien und Jugoslawien, die rumänischen Grenzfragen und die Nationalitätenfragen in Jugoslawien. Europa blieb zwischen „Siegern" und „Verlierern" geteilt, zwischen Verteidigern der Verträge und „Revisionisten", zwischen Pazifisten und Militaristen. Zweifellos verfehlte die Pariser Konferenz ihr oberstes Ziel: die Schaffung einer neuen stabilen Friedensordnung. Ob politisch, wirtschaftlich und militärisch „vernünftigere" Regelungen in den Friedensverträgen von Paris und ethnisch „gerechtere" Grenzziehungen den Aufstieg von Faschismus und Nationalsozialismus verhindert und den Siegeszug des Stalinismus einge-

dämmt hätten, ist nicht zu beweisen. Der Hauptarchitekt der Pariser Friedensverträge, Georges Clemenceau, sollte jedenfalls mit seiner dunklen Vorahnung Recht behalten: „Yes, this treaty will bring us burdens, troubles, miseries, difficulties, and that will continue for long years. I cannot say for how many years, perhaps I should say for how many centuries, the crisis which has begun will continue." So stellte das weltweit geschätzte Londoner Wochenmagazin *The Economist* noch im Dezember 1999 als Ergebnis des Ersten Weltkrieges fest: The war's final crime was a peace treaty, „whose harsh terms would ensure a second war."[21]

---

[20] STEINER, *The Lights*, 99.

[21] CLEMENCEAU, *Grandeur*; MACMILLAN, *Paris 1919*, IX; *The Economist*, 23 December 1999; STEINER, *The Lights*, 13.

GEDRUCKTE QUELLEN UND LITERATUR (AUSWAHL)

ÁDÁM Magda, György LITVÁN und Mária ORMOS (eds.), *Documents diplomatiques français sur l'histoire du bassin des Carpates 1918–1932*, vols. II: octobre 1918–juin 1920 (Budapest: Akadémiai kiadó, 1993/95); *Documents d'archives français sur l'histoire du bassin des Carpates 1918–1932*, vol. III: juillet 1920–décembre 1921 (Budapest: Akadémiai kiadó, 1999).

ALMOND Nina, and Ralph Haswell LUTZ (eds.), *The Treaty of Saint-Germain: A Documentary History of its Territorial and Political Clauses. With a Survey of the Documents of the Supreme Council of the Paris Peace Conference* (Stanford–London–Oxford: Stanford University Press, 1935).

BERICHT über die Tätigkeit der deutschösterreichischen Friedensdelegation in St. Germain-en-Laye. Nr. 379 der Beilagen der Stenographischen Protokolle der Konstituierenden Nationalversammlung der Republik Österreich, 2 Bde. (Wien, 1919).

BERLIN Jon Dale (Hg.), Akten und Dokumente des State Department der USA zur Burgenland-Anschlussfrage 1919–1920 (Eisenstadt: Burgenländisches Landesarchiv, 1977).

CLEMENCEAU Georges, *Grandeur and Misery of Victory* (New York: Harcourt, Brace, 1930).

DEÁK Ferenc and Dezső UJVÁRY (eds.), *Papers and Documents Relating to the Foreign Relations of Hungary*, I: 1919–1920: *Excerpts from the Political Diary of the Hungarian Peace Delegation* (Budapest: Royal Hungarian Ministry for Foreign Affairs, 1939).

HÁJKOVÁ Dagmar und Pavel HORÁK (eds.), *Edvard Beneš, Němci a Německo* [Edvard Beneš, die Deutschen und Deutschland], Bd. 1 (Praha: Masarykův ústav a Archiv AV ČR, 2014).

HUNTER MILLER David, *My Diary at the Peace Conference of Paris. With Documents*, 21 vols. (New York: Appeal Print, 1924–28).

KEYNES John Maynard, *The Economic Consequences of the Peace* (London: MacMillan, 1920).

KOCH Klaus, Walter RAUSCHER und Arnold SUPPAN (Hg.), Außenpolitische Dokumente der Republik Österreich 1918–1938 (ADÖ), 4 Bde.: 21. Oktober 1918–6. November 1922 (Wien: Verlag für Geschichte und Politik, 1993–1998).

KRIZMAN Bogdan und Bogumil HRABAK (eds.), *Zapisnici sa sednica Delegacije Kraljevine SHS na Mirovnoj Konferenciji u Parizu 1919–1920* [Minutes of the Delegation of the Kingdom SHS at the Peace Conference in Paris 1919–1920] (Belgrade: Kultura, 1960).

MANTOUX Paul (ed.), *Les Délibérations du Conseil des Quatre (24 mars–28 juin 1919). Notes de l'Officier Interprête* (Paris, 1955).

NAUTZ Jürgen (Hg.), Unterhändler des Vertrauens. Aus den nachgelassenen Schriften von Sektionschef Dr. Richard Schüller, hg. v. (Wien: Verlag für Geschichte und Politik; München: R. Oldenbourg Verlag, 1990).

PETRIČ Ernest (ed.), *Slovenci v očeh Imperija. Priročnik britanskih diplomatov na Pariški mirovni konferenci leta 1919. The Slovenes in the Eyes of the Empire. Handbooks of the British Diplomats attending the Paris Peace Conference of 1919* (Ljubljana: CEP, 2007).

RENNER Karl, Die Gründung der Republik Deutschösterreich, der Anschluß und die Sudetendeutschen (Wien, 1938, gedruckt, aber nicht veröffentlicht).

WAMBAUGH Sarah, *Plebiscites since the World War. With a Collection of Official Documents*, 2 vols. (Washington: Carnegie Endowment for International Peace, 1933).

ACKERL Isabella und Rudolf NECK (Hg.), Saint-Germain 1919 (Vienna: Verlag für Geschichte und Politik, 1989).

ANGERER Thomas, „Kontinuitäten und Kontraste der französischen Österreichpolitik 1919–1955", in: Klaus Koch, Walter Rauscher, Arnold Suppan und Elisabeth Vyslonzil (Hg.), Von Saint-Germain zum Belvedere. Österreich und Europa 1919–1955 (Vienna: Verlag für Geschichte und Politik, 2007) 129–57.

BORODZIEJ Włodzimierz und Maciej GÓRNY, Der vergessene Weltkrieg. Europas Osten 1912–1923. Bd. II: Nationen, 1917–1923 (Darmstadt: wbg Theiss, 2018).

CATTARUZZA Marina, *Italy and Its Eastern Border, 1866–2016* (New York–London: Routledge, 2017).

FELLNER Fritz, Der Vertrag von St. Germain, in: Erika Weinzierl und Kurt Skalnik, Österreich 1918 – 1938. Geschichte der Ersten Republik (Graz–Wien–Köln: Verlag Styria, 1983) 85–106.

GERWARTH Robert, *The Vanquished. Why the First World War Failed to End, 1917–1923* (London: Allen Lane, 2016).

HRONSKÝ Márian, *The Struggle for Slovakia and the Treaty of Trianon, 1918–1920* (Bratislava: VEDA, 2001).

KALVODA Josef, *The Genesis of Czechoslovakia* (Boulder, Col.–New York: East European Monographs, 1986).

KERSHAW Ian, *To Hell and Back: Europe, 1914–1949* (London: Allen Lane, 2015).

LEONHARD Jörn, Der überforderte Frieden. Versailles und die Welt 1918–1923 (München: C.H. Beck, 2018).

MacMILLAN Margaret O., *Paris 1919: Six Months That Changed the World* (New York: Random House, 2005).

MITROVIĆ Andrej, *Jugoslavija na konferenciji mira 1919–1920* [Yugoslavia at the Peace Conference 1919–1920] (Belgrade: Zavod za izdavanje udžbenika Socialističke Republike Srbije, 1969).

ORMOS Mária, *From Padua to the Trianon 1918–1920* (Boulder, Col.: Westview Press, 1990).

PLETERSKI Janko, Lojze UDE, and Tone ZORN (eds.), *Koroški plebiscit. Razprave in članki* [The Carinthian Plebiscite. Treatises and articles] (Ljubljana: Slovenska matica, 1970).

ROMSICS Ignác, *The Dismantling of Historic Hungary. The Peace Treaty of Trianon 1920* (Boulder, Col.: East European Monographs, 2002).

SCHWABE Klaus, *Woodrow Wilson. Revolutionary Germany and Peacemaking 1918–1919. Missionary Diplomacy and the Realities of Power* (Chapel Hill, NC: University of North Carolina Press, 1985).

SOUTOU Georges-Henri, *La Grande Illusion. Quand la France perdait la paix 1914–1920* (Paris: Tallandier, 2015).

STEINER Zara, *The Lights That Failed. European International History 1919–1933* (Oxford: Oxford University Press, 2005).

Suppan Arnold, Die imperialistische Friedensordnung Mitteleuropas in den Verträgen von Saint-Germain und Trianon, in: Helmut Rumpler und Anatol Schmied-Kowarzik (Hg.), Die Habsburgermonarchie 1848–1918, Bd. XI: Die Habsburgermonarchie und der Erste Weltkrieg, Teil 1: Der Kampf um die Neuordnung Mitteleuropas (Wien: Verlag der Österreichischen Akademie der Wissenschaften, 2016) 1257–1341.

Suppan Arnold, Hitler–Beneš–Tito. Konflikt, Krieg und Völkermord in Ostmittel- und Südosteuropa, 3 Bde. (Vienna: Verlag der Österreichischen Akademie der Wissenschaften, [3]2017).

Tooze Adam, *The Deluge: The Great War, America and the Remaking of the Global Order, 1916–1931* (New York: Viking, 2014).

ARNOLD SUPPAN

Derzeitige Position

– Emeritierter ordentlicher Professor für Osteuropäische Geschichte an der Universität Wien

Arbeitsschwerpunkte

– Geschichte des Ersten und Zweiten Weltkrieges im östlichen Europa
– Nationalismus in Ostmittel- und Südosteuropa vom 19. bis zum 21. Jahrhundert
– Die Beziehungen Österreichs zu Jugoslawien und zur Tschechoslowakei
– Europa in der Zwischenkriegszeit
– Die Friedensverträge von Saint-Germain und Trianon

Ausbildung

1984	Habilitation aus Osteuropäischer Geschichte mit besonderer Berücksichtigung der Geschichte Ostmitteleuropas
1970	Promotion zum Dr. phil. an der Universität Wien
1963–1970	Studium der Geschichte und Germanistik an der Universität Wien

Werdegang

2011–2013	Vizepräsident der ÖAW
2009–2011	Generalsekretär der ÖAW
2003–2011	Obmann der Historischen Kommission der ÖAW
1994–2011	Professor für Osteuropäische Geschichte an der Universität Wien
Seit 2003	Wirkliches Mitglied der ÖAW
2002–2008	Vorstand des Instituts für Osteuropäische Geschichte der Universität Wien
1988–2002	Leiter des Österreichischen Ost- und Südosteuropa-Instituts
1971–1993	Assistent und Dozent am Institut für Osteuropäische Geschichte der Universität Wien

Weitere Informationen zum Autor sowie zur Liste der Veröffentlichungen finden Sie unter:
https://www.oeaw.ac.at/m/suppan-arnold/

DIE JURISTISCHE DIMENSION DER PARISER FRIEDENSVERTRÄGE

THOMAS OLECHOWSKI

ZUR STRUKTUR DES PARISER VERTRAGSWERKES

Die Pariser Friedenskonferenz von 1919/20 ist in der Historiographie vielfach mit dem Wiener Kongress von 1814/15 verglichen worden. Beide Konferenzen hatten nicht nur das Ziel, Europa nach einer Periode von Krieg und Zerstörung einen dauerhaften Frieden zu sichern und die politische Landkarte des Kontinents neu zu zeichnen, sondern trafen Beschlüsse, die weit über Europa hinauswirkten. In beiden Fällen wurde das Zusammentreffen vieler Spitzenpolitiker dazu benützt, um auch Materien zu regeln, die mit dem Krieg lediglich in entferntem oder keinem Zusammenhang standen, aber nur in einem multilateralen Abkommen vereinbart werden konnten. Im Falle des Wiener Kongresses waren dies etwa die Rheinschifffahrtsakte oder die Ächtung des Sklavenhandels; im Falle der Pariser Friedenskonferenz ging es unter anderem um die Gründung der Internationalen Arbeitsorganisation oder den Kampf gegen den internationalen Rauschgifthandel.

Bei allen Parallelitäten fallen die Unterschiede natürlich ebenfalls sofort auf: Während Frankreich am Wiener Kongress nicht als besiegte Macht, sondern als gleichberechtigter Verhandlungspartner auftrat, wurde auf der Pariser Friedenskonferenz bei allen Gelegenheiten deutlich gemacht, dass die Mittelmächte den Ersten Weltkrieg verloren, die Entente-Mächte (die auf der Konferenz als „Alliierte und Assoziierte Mächte" bezeichnet wurden) hingegen gewonnen hatten. Die Verhandlungen wurden, mit wenigen Ausnahmen, nicht mündlich, sondern schriftlich geführt, und zwar jeweils einzeln: mit den Deutschen in Versailles, mit den Österreichern in Saint-Germain-en-Laye, mit den Bulgaren in Neuilly-sur-Seine, mit den Ungarn in Trianon und mit den Türken in Sèvres. Und so kam es, dass am Schluss der Pariser Friedenskonferenzen, im Gegensatz zur Wiener Kongressakte, nicht ein einzelnes Dokument stand, sondern über ein Dutzend von Verträgen und Abkommen mit variierenden Vertragspartnern, die alle jeweils nur einen Teilaspekt der Pariser Friedensordnung enthielten und doch als Gesamtheit gesehen werden müssen, will man die Arbeiten der Friedenskonferenz richtig würdigen. Diese Regelungstechnik führte notwendigerweise zu beachtlichen Redundanzen; schon die fünf Hauptverträge, die Friedensschlüsse mit den fünf ehemaligen Mittelmächten, stimmten zu rund 70 % wörtlich miteinander überein. Verbindende Klammer für das gesamte Vertragswerk waren die Satzung des Völkerbundes und die Satzung der Internationalen Arbeitsorganisation. Sie waren nicht in einem einzigen Vertrag oder jeweils in einem Vertrag, sondern beide in allen fünf Hauptverträgen enthalten und bildeten darin jeweils das erste und das vorletzte (im Fall des Versailler Vertrages: das drittletzte) Hauptstück. Deutlich sollte damit gezeigt werden, dass die Verträge in erster Linie nicht rückwärts, sondern vorwärts gewandt waren: Nicht der vergangene Krieg sollte im Vordergrund stehen, sondern der künftige Frieden. Und diesen Frieden zu bewahren, war die Hauptaufgabe des Völkerbundes, der eine Reihe von Maßnahmen – wie etwa Abrüstungen und Beistandspflichten – zur Erreichung dieses Zieles vorsah. Friede zwischen den Staaten konnte aber nur gewährleistet sein, wenn auch der Friede im Inneren dieser Staaten gesichert war. So entstand, wohl auch als Antwort auf die bolschewistische Oktoberrevolution, eine internationale Organisation, die sowohl für bessere Arbeitsbedingungen als auch gegen Arbeitslosigkeit kämpfte. Und wenn auch der Völkerbund mit seiner Aufgabe, den Frieden zu sichern, schon bald scheiterte, so besteht doch die Internationale Arbeitsorganisation (International Labour Organisation, ILO) bis heute fort und kann insofern als ein dauerhafter Erfolg der Pariser Friedenskonferenz betrachtet werden. Wie sehr unterschied sich doch dieses Konzept von jenem der Allianzverträge von 1814 und 1815, als die fünf europäischen Großmächte den Frieden durch Kabinettspolitik und Militärinterventionen zu sichern suchten!

GRENZZIEHUNG UND MINORITÄTENFRAGE

Im kollektiven Gedächtnis sind allerdings nicht die beiden internationalen Organisationen, sondern die Entscheidung über territoriale Fragen als eigentlicher Kern der Pariser Friedensverträge hängen geblieben. Das auf Lenin zurückgehende, während des Krieges vielzitierte Schlagwort vom „Selbstbestimmungsrecht der Völker" hatte bei den Verhandlungen immer wieder anderen Erwägungen, sei es wirtschaftlicher, sicherheitspolitischer oder einfach imperialistischer Natur, weichen müssen. Andererseits muss zugegeben werden, dass die Schaffung ethnisch homogener Nationalstaaten in jedem Fall ein Ding der Unmöglichkeit gewesen wäre, lebten doch die einzelnen Nationalitäten – etwa Österreich-Ungarns – kaum jemals räumlich scharf voneinander getrennt, sondern bunt durchmischt. Die aus heutiger Sicht tollkühn erscheinenden Gebietsansprüche Deutschösterreichs, nicht nur auf Länder wie Deutschböhmen und Sudetenland, sondern auch auf einzelne mehrheitlich deutschsprachige Städte inmitten des tschechischen Siedlungsgebietes, wie namentlich Brünn, Iglau und Olmütz, sind nur ein Beispiel dafür. Schon in Versailles wurde daher am 28. Juni 1919, parallel zum Friedensvertrag mit Deutschland, ein besonderer Vertrag mit Polen unterzeichnet, der die dort lebenden Minderheiten – in erster Linie die deutschsprachige Minderheit, aber nicht nur diese – unter den besonderen Schutz des Völkerbundes stellte. Nach diesem Muster wurden weitere Minoritätenschutzverträge und Minoritätenschutzbestimmungen in den Friedensverträgen beschlossen: So enthielt nicht nur der am 10. September 1919 zu St. Germain mit Österreich geschlossene Vertrag einen Abschnitt über Minoritäten (er steht bis heute in Verfassungsrang), sondern es wurden am selben Tag und Ort je ein Vertrag mit der Tschechoslowakei und mit dem SHS-Staat (Jugoslawien) zugunsten der dort lebenden Minderheiten unterzeichnet. Und auch die mit Rumänien, Griechenland und Armenien abgeschlossenen Minoritätenverträge stimmten großteils wörtlich mit den anderen soeben genannten Verträgen überein, ungeachtet der Tatsache, dass die faktische und rechtliche Situation der Minoritäten in den genannten Ländern deutlich voneinander abwich. Im Wesentlichen enthielten alle genannten Verträge bzw. Vertragsteile einen umfassenden Diskriminierungsschutz, garantierten allen religiösen Minderheiten freie und öffentliche Religionsausübung und den sprachlichen Minderheiten Erleichterungen im Schul- und Gerichtswesen. Über Verletzungen dieser Bestimmungen sollte der Völker-

bund wachen. Dieser Schutz wurde allerdings in den folgenden Jahren als völlig wirkungslos kritisiert; das Versagen des Völkerbundes in diesem Punkt war mitverantwortlich für sein gänzliches Scheitern.

Kein Minoritätenvertrag wurde 1919 mit Italien abgeschlossen, was insbesondere die deutsch- und ladinischsprachigen Südtiroler betraf. Schon bald nach Machtergreifung der Faschisten 1922 wurden diese Minderheiten Opfer einer umfassenden Assimilierungspolitik. Erst nach dem Zweiten Weltkrieg wurde im Rahmen der neuerlichen – in Paris erfolgenden – Friedensverhandlungen 1946 ein Autonomieabkommen für Südtirol beschlossen.

ZUR FRAGE DER RECHTSNACH-FOLGE NACH DER MONARCHIE

Alle fünf Friedensverträge begannen mit einer Präambel, die auf die Kriegserklärungen von 1914/15 und die Waffenstillstandsabkommen 1918 Bezug nahm. Der Vertrag von St. Germain mit Österreich und der Vertrag von Trianon mit Ungarn enthielten zusätzlich einen Passus, wonach die ehemalige Österreichisch-Ungarische Monarchie zu existieren aufgehört

habe und an ihre Stelle in Österreich eine republikanische Regierung, in Ungarn eine Nationalregierung getreten sei.

Was hier so selbstverständlich ausgesprochen wurde, darum war im Vorfeld bitter gerungen worden. Denn während Ungarn sich tatsächlich in die knapp tausendjährige Tradition des ungarischen Königreiches stellte, war die Republik Österreich 1918 davon ausgegangen, ein neuer, revolutionär gegründeter Staat wie die Tschechoslowakei und der SHS-Staat zu sein – und hatte jede Rechtsnachfolge nach dem untergegangenen österreichischen Kaisertum abgelehnt. Nicht zuletzt aus diesem Grund hatte die Republik auch bis St. Germain nicht „Österreich", sondern „Deutschösterreich" geheißen. Dieser Begriff war vereinzelt schon vor dem Ersten Weltkrieg verwendet worden, um die deutschsprachigen Teile Österreichs zu bezeichnen, vergleichbar dem Begriff „Deutschschweiz" für die deutschsprachigen Gebiete der Schweiz.

Am Montag, dem 28. Oktober 1918, hatten die Tschechoslowaken in einem revolutionären – das heißt aber: vom Standpunkt der Monarchie aus rechtswidrigen – Akt ihren Staat ins Leben gerufen. Einen Tag später, am Dienstag, dem 29. Oktober, bildeten die Südslawen des Habsburgerreiches den Staat der „Slowenen, Kroaten und Serben" – er schloss sich schon einen Monat später mit den bis dahin souveränen Königreichen Serbien und Montenegro zum „Königreich der Serben, Kroaten und Slowenen" zusammen. Und am Mittwoch, dem 30. Oktober, erfolgte die Gründung des Staates Deutschösterreich. So wie die beiden Staatsgründungen zuvor, erfolgte auch diese durch ehemalige Reichsratsabgeordnete und in einer revolutionären, vom Standpunkt der Monarchie aus rechtswidrigen Art und Weise. Zwar ging Deutschösterreich nicht so weit wie die Tschechoslowakei, dass es aufseiten der Alliierten Mächte in den Krieg eintrat; ein Gutachten des österreichischen Juristen Hans Kelsen vom 8. November 1918 erklärte aber, dass Deutschösterreich im – noch immer andauernden – Krieg neutral sei.

Es war dies eine kühne juristische Behauptung, denn allen Beteiligten musste klar sein, dass die Alliierten es nicht akzeptieren würden, wenn sich Österreich-Ungarn, das den Weltkrieg begonnen hatte, plötzlich in Luft auflöste und an seine Stelle lauter neue Staaten traten, die mit der alten Monarchie nichts zu tun haben wollten. Andererseits ist gar nicht so einfach zu erklären, warum in St. Germain die Tschechoslowakei als Verbündeter der Alliierten, Deutschösterreich aber als Nachfolger des Kaiserreiches angesehen wurde. Beide Staaten entstanden zu 100 % auf dem Boden der Monarchie, all ihre Staatsbürger waren vormals Staatsbürger Österreich-Ungarns. In beiden Staaten galten vielfach noch die Gesetze der Monarchie, wurde mit Banknoten, auf denen sich der Doppeladler befand, bezahlt. In Deutschösterreich war freilich die Kontinuität zur Monarchie noch stärker bemerkbar, weil sich auf seinem Territorium die vormalige Reichshauptstadt Wien mit all ihren Amtsgebäuden befand, die nun von den republikanischen Behörden benützt wurden, während die tschechoslowakischen Behörden neue Amtsgebäude in Prag beziehen mussten. Es war aber wohl vor allem die historische Bevorzugung der deutschen und der ungarischen Sprache gegenüber allen anderen Sprachen in der Habsburgermonarchie, die bei den Alliierten den Eindruck erweckte, dass die übrigen Völker in einem „Völkerkerker" gelebt hatten, aus dem sie befreit werden mussten.

Daher erging am 2. Mai 1919 eine Aufforderung an die deutschösterreichische Regierung, eine Delegation zu den Friedensverhandlungen in St. Germain zu entsenden – was auch erfolgte. Am 29. Mai wurde dort, in St. Germain, die „neue Republik" ausdrücklich als „Republik Österreich" – nicht „Deutschösterreich" – anerkannt. Der ganze Vertrag von St. Germain ging dann von einer Rechtsnachfolge der Republik nach der Monarchie aus; die Republik musste daher auf Ansprüche verzichten, die sie niemals gestellt hatte, wie etwa auf Gebiete in Rumänien oder in Polen.

Eher aus praktischen denn aus theoretischen Gründen wurden von diesem Prinzip allerdings einige Ausnahmen gemacht. Dies betraf vor allem die Frage der Reparationen. Österreich wurde, so wie Deutschland und die übrigen Mittelmächte, für den Krieg verantwortlich gemacht und daher zu umfassenden Schadenersatzleistungen an die Alliierten und Assoziierten Mächte verpflichtet. Mit Rücksicht darauf, dass auch die Tschechoslowakei, der SHS-Staat, Polen, Rumänien und Italien Territorien des ehemaligen österreichischen Kaisertums erworben hatten, wurden mit diesen Staaten am 10. September zu St. Germain separate Abkommen geschlossen, mit denen auch sie sich verpflichteten, anteilsmäßig zu den Reparationen beizutragen. In ebensolcher Weise wurden die Österreichisch-Ungarische Bank, das Währungsinstitut der Habsburgermonarchie, und ihr Vermögen anteilsmäßig unter den Nachfolgestaaten aufgeteilt.

Was die Reparationsleistungen betrifft, die Österreich zu erbringen hatte, so mussten die Alliierten und Assoziierten Mächte bald einsehen, dass die kleine Alpenrepublik wirtschaftlich so geschwächt war, dass eine Eintreibung der Forderungen zu einer humanitären Katastrophe geführt hätte. Schon 1921 erfolgte daher eine Stundung der Zahlungen für 20 Jahre; 1929, noch vor Ablauf dieser Frist, verzichteten die Alliierten gänzlich auf ihre Forderungen.

DEUTSCHÖSTERREICH UND DER „ANSCHLUSS" AN DAS DEUTSCHE REICH

Der Name „Deutschösterreich" hatte eine zweifache Bedeutung gehabt: Die Republik wollte sich in ihrem Namen von der ehemaligen Monarchie unterscheiden, und sie wollte ein Bekenntnis zur deutschen Nation ablegen. Bereits am 12. November 1918, einen Tag nach dem Regierungsverzicht Kaiser Karls, hatte das deutschösterreichische Parlament einstimmig den „Anschluß" an das Deutsche Reich beschlossen. Die Gründe für diesen bemerkenswerten Schritt gehen aus einem offiziellen Schreiben hervor, das der deutschösterreichische Staatskanzler für Auswärtige Angelegenheiten, Otto Bauer, zwei Tage später an US-Präsident Woodrow Wilson schrieb: Deutschösterreich wolle mit diesem Akt „die enge staatsrechtliche Verbindung mit Deutschland wiederherstellen, die vor 52 Jahren durch das Schwert zerrissen worden ist". Er nahm damit Bezug auf den Deutschen Krieg von 1866, in dem Habsburg gegen Hohenzollern um die Vorherrschaft in Deutschland gerungen hatte. Der Sieg Preußens in jenem Krieg bedeutete das Ausscheiden Österreichs aus der deutschen Politik. Nun, da die Dynastien gestürzt waren, bestand kein Hindernis für die Wiedervereinigung Österreichs mit dem Deutschen Reich. Und Bauer setzte fort: „Das Recht der Polen, der Italiener, der Südslawen, die bisher dem österreichischen Staat angehört haben, sich mit ihren Nationalstaaten außerhalb Österreichs zu vereinigen, haben Sie, Herr Präsident, verfochten, wir sind überzeugt, dass Sie dasselbe Recht auch dem deutschen Volk in Österreich zuerkennen werden."

Geleitet von einem großen Optimismus, leitete Otto Bauer unverzüglich auch Verhandlungen mit Deutschland ein und reiste im Februar 1919 nach Berlin. Dort allerdings wurde den „Anschlußwünschen" Deutschösterreichs mit Sorge begegnet: Ein derartiger Gebietszuwachs hätte eine Stärkung – nicht Schwächung – Deutschlands bedeutet. Umso härtere Repressalien an anderer Stelle wurden nunmehr befürchtet. Man beschloss daher, auf ein fait accompli zu verzichten und den Anschluss nicht eher durchzuführen, als die Alliierten ihre Zustimmung dazu gegeben hatten. Daher wurde auch von der Entsendung deutschösterreichischer Abgeordneter in die Deutsche Nationalversammlung, die die Verfassung des Deutschen Reiches beschließen sollte, abgesehen. Immerhin enthielt diese neue Verfassung, die sogenannte Weimarer Reichsverfassung, einen Passus, wonach Deutschösterreich Vertreter in die Länderkammer, den Reichsrat, entsenden sollte.

Was die Alliierten betraf, so waren diese zunächst geteilter Auffassung in dieser Frage. Die amerikanische und auch die italienische Delegation waren hier zumindest am Anfang nicht ganz abgeneigt; scharf wurden die Pläne dagegen von Frankreich verurteilt. Dieses behauptete in einer Note, dass die „Anschlußbewegung" ihre Wurzel nicht in Deutschösterreich, sondern in Deutschland habe, dieses bloß auf Machtzuwachs aus sei und in Deutschösterreich künstlich einen „Anschlußwillen" geschürt habe. Dem Beschluss der Provisorischen Nationalversammlung vom 12. November 1918 könne nicht die Bedeutung eines nationalen Wunsches zugemessen werden, weil die Nationalversammlung nicht aus allgemeinen Wahlen hervorgegangen sei. Eine Zeit lang wurde von Frankreich sogar gefordert, für Österreich den Status der immerwährenden Neutralität festzulegen; dies wurde später jedoch verworfen. Der Versailler Vertrag beschränkte sich darauf, dass Deutschland die Unabhängigkeit Österreichs anzuerkennen habe. Obwohl der Vertrag von Versailles bereits am 28. Juni 1919 unterzeichnet wurde, enthielten die ersten beiden Versionen des Vertrags von St. Germain, die der österreichischen Delegation am 2. Juni und am 20. Juli überreicht wurden, noch keine Be-

stimmung über den „Anschluß"; erst die letzte Version vom 2. September 1919, die innerhalb von fünf Tagen zu unterzeichnen war, erklärte die Unabhängigkeit Österreichs für „unabänderlich". Dies hatte, so wurde jedenfalls von österreichischer Seite vermutet, den Hintergrund, dass die österreichische Delegation dagegen keine Einsprüche mehr erheben konnte. Wirklich überraschen konnte die Bestimmung nicht. Am selben Tag, dem 2. September, forderten die Alliierten Deutschland auf, die Bestimmung in der Weimarer Reichsverfassung über Österreich für ungültig zu erklären, was mit einer diplomatischen Note auch erfolgte. Österreich unterzeichnete den Vertrag von St. Germain „unter feierlichem Protest" am 10. September 1919. Der mit diesem Vertrag völkerrechtlich erfolgte Namenswechsel von „Deutschösterreich" auf „Österreich" wurde verfassungsrechtlich mit einem Gesetz vom 21. Oktober 1919 vollzogen. Dieses Gesetz hob auch den „Anschlußparagraphen" formell auf. Um aber weiter ein Bekenntnis zur deutschen Nation abzugeben, wurde die deutsche Sprache nunmehr auch offiziell als Staatssprache der Republik festgelegt. Was aber die Bestimmung in der Vertrags-

präambel betraf, wonach die Republik an die Stelle des österreichischen Kaisertums getreten sei, so erklärte das Gesetz vom 21. Oktober, dass Österreich diese Ansicht nach wie vor ablehne. Es wolle nur jene Verpflichtungen übernehmen, zu denen es sich in St. Germain ausdrücklich verpflichtet hatte und keinesfalls noch darüber hinausgehende, aus einer allfälligen Rechtsnachfolge resultierende. Praktische Bedeutung hatte dies zum Beispiel für die vielen tausend ehemaligen Beamten der Habsburgermonarchie, für die im kleinen Österreich kein Bedarf war. Sie hatten nach der Rechtsprechung des österreichischen Verwaltungsgerichtshofes keinen Rechtsanspruch darauf, in den Dienst der Republik übernommen zu werden.

Die Republik Österreich wurde in der Historiographie als ein „Staat, den keiner wollte" bezeichnet. Kaum einer in Österreich rechnete mit der Überlebensfähigkeit der kleinen Alpenrepublik. Arbeitslosigkeit und Inflation begleiteten die wirtschaftliche Entwicklung von Anfang an. 1922 wurde Österreich in den Genfer Protokollen eine Völkerbundanleihe zugesichert. Damit konnte der Staatshaushalt saniert und eine Währungsreform durchgeführt werden; die

Bedingungen waren ähnlich hart wie jene, die 2011 Griechenland auferlegt wurden. Auch musste Österreich zusichern, seine Unabhängigkeit nicht nur im politischen, sondern auch im wirtschaftlichen Sinne aufrechtzuerhalten. 1931, im Gefolge der Weltwirtschaftskrise, planten Österreich und Deutschland, die Binnenzölle zu beseitigen und eine Zollunion zu schaffen, der auch weitere Staaten beitreten können sollten. Doch wurde dies in Europa nicht als Vorstoß zur Schaffung einer Europäischen Wirtschaftsgemeinschaft gesehen, sondern als neuerlicher Pangermanismus. Frankreich rief den Ständigen Internationalen Gerichtshof in Den Haag an. Und dieser befand, dass eine Zollunion zwischen Österreich und Deutschland zwar mit den Bestimmungen von St. Germain, nicht aber mit den Genfer Protokollen vereinbar sei. Schon zuvor war aber der internationale Druck so groß geworden, dass die österreichische Regierung auf ihre Zollunionspläne verzichten musste.

Sieben Jahre später überschritt Hitler die deutsch-österreichische Grenze und annektierte Österreich. Dies war ein eindeutiger Bruch von Artikel 80 des Versailler Vertrages und Artikel 88 des Vertrages von St. Germain. Weder aus Paris, noch aus Rom, noch aus London kam irgendein Protest. Der Sekretär des Völkerbundes wurde vom „Anschluß" in Kenntnis gesetzt, und dieser bestätigte lediglich den Erhalt des Schreibens des deutschen Gesandten, womit die Mitgliedschaft Österreichs im Völkerbund endete. Und noch nach dem Zweiten Weltkrieg, als Österreich sich von der NS-Herrschaft befreien konnte, weigerte sich der Völkerbund, Österreich wieder als vollberechtigtes Mitglied zu seinen Sitzungen zuzulassen. Die praktische Bedeutung dieser Weigerung war gering: Denn am 18. April 1946 hielt der Völkerbund seine letzte Versammlung ab und beschloss seine eigene Auflösung, womit die Pariser Friedensordnung von 1919/20 – immerhin ein knappes Jahr nach Ende des 2. Weltkrieges – endgültig zu einem Ende gekommen war. Die UNO hatte wenige Monate zuvor ihre Tätigkeit aufgenommen und damit eine neue Ära in der Geschichte des Völkerrechts eingeleitet.

HINWEIS

Der Vortrag gibt einen kleinen Einblick in ein FWF-Forschungsprojekt der Kommission für Rechtsgeschichte Österreichs der ÖAW zur rechtlichen Bedeutung des Vertrages von St. Germain (FWF-Projekt P 29774). Im Mittelpunkt dieses Projekts steht die Herausgabe des ersten, umfassenden Kommentars zum Vertrag: Herbert KALB, Thomas OLECHOWSKI und Anita ZIEGERHOFER (Hg.), Der Vertrag von St. Germain (Manzscher Großkommentar, im Erscheinen).

LITERATUR (AUSWAHL)

Ackerl Isabella, Rudolf Neck (Hg.), Saint-Germain 1919 (Wien 1989).

Berchtold Klaus, Verfassungsgeschichte der Republik Österreich I: 1918–1933. Fünfzehn Jahre Verfassungskampf (Wien–New York 1998).

Dotter Marion, Stefan Wedrac, Der hohe Preis des Friedens. Geschichte der Teilung Tirols, 2. Aufl. (Innsbruck 2018).

Froehlich Georg, Die Wirkungen des Staatsvertrages von St. Germain auf unsere Verfassung, in: Zeitschrift für Öffentliches Recht 1 (1919/20) 403–432.

Gehler Michael, Thomas Olechowski, Stefan Wedrac und Anita Ziegerhofer (Hg.), Der Vertrag von Saint-Germain im Kontext der europäischen Nachkriegsordnung (= Beiträge zur Rechtsgeschichte Österreichs 2019/2, Wien 2019, im Druck).

Kelsen Hans, Die staatsrechtliche Durchführung des Anschlusses Österreichs an das Deutsche Reich, in: Zeitschrift für Öffentliches Recht 6 (1927) 329–352.

Konrad Helmut, Wolfgang Maderthaner (Hg.), … der Rest ist Österreich I, 2 Bde. (Wien 2008).

Kühne Jörg-Detlef, Die Entstehung der Weimarer Reichsverfassung. Grundlagen und anfängliche Geltung (= Schriften des Bundesarchivs 78, Düsseldorf 2018).

Kunz Josef L, Die Revision der Pariser Friedensverträge. Eine völkerrechtliche Untersuchung (Wien 1932).

Laun Rudolf, Deutschösterreich im Friedensvertrag von Versailles (Artikel 80 des Friedensvertrages) (Vorveröffentlichung aus dem Kommentar zum Friedensvertrag, hg. v. Walter Schücking, Berlin 1921).

Olechowski Thomas, Verfassungsentwürfe, Föderalismus und „Anschlussfrage", in: Robert Kriechbaumer u. a. (Hg.), Die Junge Republik. Österreich 1918/19 (Wien–Köln–Weimar 2018) 77–86.

Olechowski Thomas, Hans Kelsen und die Gründung der Tschechoslowakei, in: Clemens Jabloner u. a. (Hg.), Hans Kelsen in der tschechischen und internationalen Rechtslehre (Wien 2018) 145–156.

RATHMANNER Laura, Die Reparationskommission nach dem Staatsvertrag von St. Germain, in: Beiträge zur Rechtsgeschichte Österreichs 6 (2016) 74–98.

RENNER Karl, Die Gründung der Republik Deutschösterreich, der Anschluß und die Sudetendeutschen. Dokumente eines Kampfes ums Recht (1938 verfasst, postum hg. v. RABOFSKY Eduard, Wien 1990).

THOMAS OLECHOWSKI

Derzeitige Position

– Professor für Österreichische und Europäische Rechtsgeschichte an der Universität Wien

Arbeitsschwerpunkte

– Österreichische Verfassungsgeschichte des 19. und 20. Jahrhunderts
– Leben und Werk von Hans Kelsen
– Geschichte der Verfassungs- und Verwaltungsgerichtsbarkeit
– Geschichte des Presserechts
– Der Vertrag von Saint-Germain-en-Laye

Ausbildung

2003	Habilitation für Österreichische und Europäische Rechtsgeschichte an der Universität Wien
1991–1998	Studium der Rechtswissenschaften an der Universität Wien, Mag. iur. 1995, Dr. iur. 1998

Werdegang

Seit 2019	Universitätsprofessor am Institut für Rechts- und Verfassungsgeschichte der Universität Wien
Seit 2019	Stv. Leiter der Forschungsstelle „Hans Kelsen und sein Kreis" an der Universität Wien
Seit 2016	Leiter der Forschungsstelle für Rechtsquellenerschließung der Universität Wien
Seit 2015	Obmann der Kommission für Rechtsgeschichte Österreichs der ÖAW
Seit 2013	Wirkliches Mitglied der ÖAW
Seit 2011	Geschäftsführer der Bundesstiftung „Hans Kelsen-Institut"
2010–2012	Obmann der Kommission für Rechtsgeschichte Österreichs der ÖAW
2004–2014	Lehrbeauftragter an der Paneuropäischen Hochschule Bratislava
2003–2019	ao. Universitätsprofessor an der Universität Wien
1992–2003	Studien-, dann Vertrags-, zuletzt Universitätsassistent am Institut für Rechts- und Verfassungsgeschichte der Universität Wien bei Prof. Werner Ogris

Weitere Informationen zum Autor sowie zur Liste der Veröffentlichungen finden Sie unter:

https://homepage.univie.ac.at/Thomas.Olechowski/index.php

„THERE WAS OPPORTUNITY FOR EMOTION": GEFÜHLS-POLITIK IN ST. GERMAIN

UTE FREVERT

Am 10. September 1919 kabelte der Journalist Charles A. Selden seinen Bericht über die Unterzeichnung des Vertrags von St. Germain an die *New York Times*. Am Tag darauf erfuhren die amerikanischen Leserinnen und Leser, wie es dabei zugegangen war: teils feierlich und dramatisch, teils heiter und ausgelassen.

Im Mittelpunkt des Artikels stand die Figur des österreichischen Delegationsführers und Staatskanzlers Karl Renner. Er setzte seine Unterschrift unter ein Dokument, das, wie sich Selden ausdrückte, die vormals große Doppelmonarchie zu einem bloßen Fleck auf der Landkarte Europas reduzierte, nicht größer als eine Briefmarke. Dass dies kein leichter Akt war, konnte sich jeder vorstellen. Auch Renner hatte mehrfach zu verstehen gegeben, dass die von den Alliierten oktroyierten Friedensbedingungen für „Deutschösterreich" unannehmbar seien. Dass er sie nun doch akzeptierte und die „Tortur" (ordeal) dieses Tages ausgesprochen „fröhlich" (cheerful), „würdevoll" (dignified) und „wie ein Sportsmann" (sportsmanlike) durchstand, verschaffte ihm bei allen Anwesenden Respekt.

Laut Selden zollten die versammelten Feinde Österreichs, siebenundzwanzig an der Zahl, dem sozialdemokratischen Staatskanzler sogar „Bewunderung" (admiration): Bewunderung für den „Schneid und Mut", mit dem er die Friedensbedingungen am 2. Juni entgegengenommen habe, Bewunderung für seine gute Laune während der anschließenden Verhandlungen, Bewunderung für das Lächeln, mit dem er den Versammlungssaal betrat, und für die Höflichkeit, mit der er die Anwesenden grüßte, als er seinen Platz am Ende des hufeisenförmigen Tisches einnahm. Auch sein Verhalten gegenüber dem französischen Ministerpräsidenten Georges Clemenceau, der die Versammlung eröffnete, war von ausgesuchter Politesse. Als die französische Delegation an Renners Stuhl vorbeiging, um ihre Unterschrift zu leisten, erhob er sich und verbeugte sich „very politely" vor Clemenceau, der den Gruß ebenso höflich erwiderte. Dieses Spiel des Taktes und der wechselseitigen Respektsbekundung setzte sich auch nach der Zeremonie fort. Als Renner das Schloss von St. Germain verließ, präsentierten französische Soldaten ihre Waffen und erwiesen ihm militärische Ehren. Er revanchierte sich mit einem Interview, in dem er Frankreich als „großartiges Land" pries und um wirtschaftliche Unterstützung ersuchte. Österreich, fügte er hinzu, könne nicht hassen, sondern respektiere den Mann, mit dem es kämpfen müsse. Dann fuhr er zurück nach Wien.

So viel Höflichkeit, Takt und gute Laune hatte es in Versailles zweieinhalb Monate früher nicht gegeben. Für Selden war denn auch St. Germain die „far better show" – eine Show, die sogar „Gelegenheit für Gefühle" (opportunity for emotion) ließ. Anders als bei den Deutschen vermochte der amerikanische Journalist bei den Österreichern aber kein „Gefühl der Bitterkeit" zu entdecken. Unter den Siegern diagnostizierten seine Kollegen vom Nachrichtendienst *Associated Press* geradezu ein „Gefühl des Wohlwollens und der Gewogenheit" (feeling of friendliness).[1]

Den Berichten der US-Journalisten merkte man die Erleichterung darüber an, dass das Drama von St. Germain so wenig dramatisch verlief.

Renner gab nicht das verbitterte Opfer, den von Verzweiflung gebeugten und von Rache beseelten Politiker. Er verhielt sich „sportlich", als er die Friedensbedingungen akzeptierte, wobei das Adjektiv im Angelsächsischen einen überaus positiven Klang hatte (und hat). Es stand für Fairness, Gleichheit und die Abwesenheit jeglicher Ranküne. Sportlich war man auf dem Tennisplatz, wo es zwar kompetitiv zuging, der andere Spieler aber immer nur Gegner und nie Feind war. Die vormalige Feindschaft zwischen der Habsburgermonarchie bzw. ihrem deutschösterreichischen Reststaat und den Entente-Mächten inklusive den Vereinigten Staaten war damit aufgehoben, und man begegnete einander zivilisiert, respektvoll und fair. So zumindest empfand es Charles Selden am 10. September 1919.

So nahm es interessanterweise auch der Korrespondent der Wiener *Neuen Freien Presse* wahr. Sein telegrafischer Bericht deckte sich weitgehend mit dem des Amerikaners. Auch er verglich den Tag von St. Germain mit dem von Versailles und notierte, „um wie vieles stiller, unscheinbarer und bescheidener", aber auch „um wie vieles *freundlicher*" der 10. September abrollte. Dass die Schlosswache

bei der Ankunft der österreichischen Delegation das Gewehr präsentierte, deutete er als Zeichen, dass die Österreicher „schon jetzt *vor der Unterschrift nicht mehr als Feinde behandelt*" würden. Auch nach der Zeremonie habe man auf „*demütigende Böller- oder Kanonenschüsse*" verzichtet. Im Saal seien die Blicke und Gesten freundlich und zuvorkommend gewesen. Zwar seien die tschechischen Vertreter mit den österreichischen Delegierten „überhaupt nicht in Berührung" gekommen. Aber der polnische Ministerpräsident Paderewski habe Renner gegrüßt, ebenso wie es der britische Außenminister Balfour und der französische Ministerpräsident taten. Clemenceau habe Renner sogar unaufgefordert ein Autogramm überreichen lassen, und Renner selber habe alle Hände voll zu tun gehabt, die Autogrammwünsche anderer zu erfüllen. Deutschösterreich, so schien es dem Korrespondenten, war kein Paria mehr, sondern Gleicher unter Gleichen.[2]

Auch Renner selber gab sich erleichtert. Es sei „ein schmerzlicher Friede, aber es ist der Friede". Vorbehaltlos bekannte er sich zur Niederlage des Habsburgerreichs, verwies aber

---

[1] New York Times, 11. 9. 1919, 12.a

[2] Neue Freie Presse, Nr. 19772 v. 11. 9. 1919, 2.

auch darauf, dass das Kriegsende für Österreich zugleich Aufbruch und Befreiung bedeute: „Das Unglück hat uns die Freiheit gegeben. Es hat uns vom Joch einer Dynastie befreit, die drei Generationen lang keinen Mann von Wert hervorgebracht hat. Es hat uns von den Bindungen an Nationen befreit, die sich nie mit uns oder untereinander verstanden haben."[3] In diesem Sinne hatte er schon während der Verhandlungen immer wieder hervorgehoben, dass „Deutschösterreich" ein neuer Staat sei, der mit dem untergegangenen Habsburgerreich ebenso viel oder wenig zu tun habe wie Ungarn oder die neu gegründeten Staaten Tschechoslowakei, Polen oder Jugoslawien. Dass Wien die gesamten Kriegsschulden und Reparationen zu tragen haben würde, wie es die Siegermächte wünschten, empfand nicht nur Renner deshalb als ungerecht und demütigend.

Wie passt das Gefühl, gedemütigt und beschämt zu werden, zu der freundlich-heiteren Gelassenheit, mit der der österreichische Staatskanzler am 10. September 1919 seine Unterschrift unter einen Vertrag setzte, der die Hoffnungen und Erwartungen vieler seiner Landsleute bitter enttäuschte? War man auf österreichischer Seite einfach nur froh, dass das lange Ziehen und Zerren vorüber war und man nach Wien zurückkehren konnte? Renner selber, der sich mit seiner Delegation seit Mitte Mai 1919 in St. Germain befand, fühlte sich dort anfangs wie ein „Bettler" (obwohl er ausgesprochen luxuriös untergebracht war). Der Friede machte ihm, wie er seiner Frau im Juni schrieb, „die schwersten Sorgen". Es sei „hier beinah nicht mehr auszuhalten". „Die wichtigsten und einflußreichsten Leute, so Wilson und Lloyd George", seien „heimgefahren", sobald der Friedensvertrag mit Deutschland unter Dach und Fach war. Jetzt seien nur „Leute zweiten und dritten Ranges da", und die Verhandlungen bewegten sich nicht vom Fleck. „Man bekommt allmählich die Stimmung absoluter Hilflosigkeit."[4]

Die Delegation fühlte sich unbeachtet und an den Rand gedrängt. Franz Klein, Staatssekretär im Auswärtigen Amt, formulierte es so: „Wir werden einfach vergessen, wie man ein Tier vor der Schwelle liegen läßt, bis man die Laune hat, es zu rufen." Während Paris den Nationalfeiertag am 14. Juli mit einer großen Siegesfeier beging, berichtete Klein vom Gefühl der „Herabgekommenheit" und des „Ausgestoßenseins": „Wir sind nun nichts als eine den übrigen lästige Verlegenheit." Diese „erniedrigende Erkenntnis" bohrte sich tief ein. Hatte Klein der österreichischen Abordnung anfangs noch attestiert, ihre „Würde" und die nationaltypische „natürliche Heiterkeit" zu bewahren, schrieb er alsbald von seiner „Scham über die Ohnmacht und Unwürdigkeit, solche Behandlung ertragen zu müssen". Vor allem die Franzosen sah er in einem Rausch der „Herrschbegier" gefangen. Aber auch die anderen Entente-Mächte zeigten seiner Meinung nach eine „unglaubliche Überhebung", wenn sie österreichische Gegenvorschläge ohne Begründung ablehnten. „Wir haben ungefähr die Rolle eines römischen Sklaven, vor dem es keine Rücksicht oder Scham gab." Österreich, so sein Fazit, werde „einem Kolonialvolk

---

[3] Interview Renners mit einem Redakteur der Nachrichtenagentur Havas, in: Le Temps, 11. 9. 1919; wiederabgedruckt in New York Times, 11. 9. 1919, 12; siehe auch Jörn LEONHARD, Der überforderte Frieden. Versailles und die Welt 1918–1923 (München 2018) 1059.

[4] Karl Renner in Dokumenten und Erinnerungen, hg. v. Siegfried NASKO (Wien 1982) 59, 62–64.

gleich[ge]stellt" und in „einer beschämenden Untertänigkeit" gehalten.[5]

Was Klein bei den Alliierten vermisste, war ein „großmütiges Wort", das dem Verlierer das Gefühl der Ehre und Achtung zurückgab. Statt Großmut identifizierte er Hass und Wut, auf französischer Seite ebenso wie bei den Tschechen, Slowenen und Italienern, die ihre territorialen Interessen offensiv geltend machten. Und er sah, nach dem Verbot des von Wien gewünschten Anschlusses an Deutschland, wenig Hoffnung für die anbrechende Friedenszeit. Da der Friede auf beiden Seiten „mit Wut und Groll geschlossen" werde, sei der nächste Krieg bereits in Sicht.[6]

Von Demütigung und Beschämung war auch in der konstituierenden österreichischen Nationalversammlung die Rede, die am 6. September 1919 über den Vertrag beriet. Ihr sozialdemokratischer Präsident Karl Seitz sprach vom „Diktat der alliierten Mächte", Renner beklagte die Abtrennung der Sudetendeutschen „als nackte Vergewaltigung", worauf „lebhafter Beifall und Händeklatschen" ertönten. „Jedes Herz", so Renner, sei über die „nationalen Opfer [...] erfüllt von Trauer und Bitternis". Der deutschnationale Abgeordnete Franz Dinghofer, dritter Präsident der Nationalversammlung, nannte den Vertrag abwechselnd „Rachefrieden" und „Elendfrieden vernichtendster Art, wie man sich denselben grauslicher, beschämender und erbarmungsloser nicht mehr denken kann". Ein kräftiges „So ist es!" erscholl im Saal. Das „geknebelte und gefesselte", „verstümmelte" und zum „Krüppel" degradierte Österreich werde nicht nur, so Dinghofer, „territorial, finanziell und wirtschaftlich erwürgt" und „unter Kuratel gestellt". „Es geht noch weiter: man will uns auch noch die Ehre, das bißchen Würde, das wir haben, nehmen." Der Sozialdemokrat Karl Leuthner stieß ins gleiche Horn: „Wut, Empörung, tiefste Demütigung bestürmen unser Herz und drängen uns Tränen ohnmächtigen Zornes in die Augen." Und Leopold Kunschak von der Christlichsozialen Partei fragte sich, welches der beiden Gefühle den Vorrang erhalten solle: „Die tiefe Beschämung ob der uns zugedachten Erniedrigung oder die Empörung ob des unerhörten Unrechtes und der Vergewaltigung, die man uns zufügt".[7]

Die Presse stieß ins gleiche Horn. Die *Neue Zeitung* sah Österreich „unter Kuratel gestellt"; die auflagenstarke *Illustrierte Kronen-Zeitung* sprach von „Raubfriede", „Vernichtungsfriede" und „Schandfriede", der *Allgemeine Tiroler Anzeiger* fügte dem das Wort vom „Versklavungsfrieden" hinzu. Die liberale *Neue Freie Presse* machte sich Gedanken über die Gefühle, die Renner bei der Unterzeichnung des Vertrages beschlichen haben mochten: „Ergriffenheit" angesichts seines „gebundenen Willens" und der „schonungslosen Gewalt" der Sieger, „Erbitterung [...] beim Anblicke ehemaliger Mitglieder des Reichsrates, die in der Reihe der Feinde saßen und sich an der Demütigung unseres Landes weideten". Das *Welt-Neuigkeits-Blatt*, eine Tageszeitung „für den Mittelstand", beschwor „Demütigung, Hunger und Not" als „Bitternisse einer Niederlage", die man „durchkosten" müsse. Die christ-

---

[5] „Saint-Germain, im Sommer 1919". Die Briefe Franz Kleins aus der Zeit seiner Mitwirkung in der österreichischen Friedensdelegation. Mai–August 1919, hg. v. Fritz FELLNER u. Heidrun MASCHL, (Salzburg 1977) 59, 65, 72, 80, 169, 242, 245, 253, 315.

[6] Ebd., 109.

[7] Stenographisches Protokoll. 29. Sitzung der Konstituierenden Nationalversammlung für Deutschösterreich (6. 9. 1919) 763, 766, 768, 771, 774f., 777, 788.

lich-soziale *Reichspost* beklagte das „Joch des Schmachfriedens" und die sozialdemokratische *Arbeiter-Zeitung* bezeichnete den Vertrag als „grausam" und „niederdrückend".[8]

Dennoch gab Renner bei der Unterzeichnung des Vertrags nicht den niedergedrückten Repräsentanten eines grausam behandelten und vor aller Welt gedemütigten Landes. Er trat weder beschämt noch empört unter die Vertreter der Siegermächte. Vielmehr behielt er den würdevoll-versöhnlichen Ton bei, den er bereits bei der – von ihm als ausgesprochen demütigend empfundenen – Entgegennahme der Bedingungen drei Monate zuvor sowie in der nachfolgenden Kommunikation angeschlagen hatte.[9] Obwohl die andere Seite ihm nur in wenigen Punkten entgegengekommen war, hatte er es immerhin geschafft, die „Fiktion" Deutsch-österreichs als Rechtsnachfolger der Habsburgermonarchie zu erschüttern. Juristisch wurde diese Fiktion zwar aufrechterhalten, in ihren praktischen Folgerungen aber „zum Teile ganz beseitigt, zum Teile durchbrochen, zum Teile gemildert". Das verbuchte der Staatskanzler als einen Verhandlungserfolg, der die „Ehre unseres Namens" wiederherstellte und Gefühle der Beschämung und Empörung in Schach hielt. Außerdem setzte er auf den Völkerbund, der das „Unrecht, das Saint-Germain geschaffen hat, wieder aus der Welt schaffen" könnte. Denn immerhin erlaubte der Friedensvertrag einen künftigen Zusammenschluss mit Deutschland unter der Bedingung, dass der Völkerbund zustimmte (was angesichts der französischen und italienischen Haltung unwahrscheinlich, aber nicht prinzipiell ausgeschlossen war).[10]

Auf der Seite der Siegermächte war man für Renners Konzilianz dankbar und ließ es nicht an Signalen ehrenvoller Anerkennung fehlen. Sie wurden wiederum in Österreich aufmerksam registriert. Viele Journalisten notierten mit Genugtuung, dass die Wiener Delegation bei der Vertragsunterzeichnung mit militärischer „Ehrenbezeigung" empfangen und verabschiedet worden sei, dass der Präfekt des Departements vor Renners Abreise die Grüße der Stadt überbrachte und sich auch zahlreiche Offiziere der interalliierten Militärmissionen am Pariser Nordbahnhof einfanden.[11] Dies und die Konzessionen, die die Sieger dem Verlierer in territorialen Fragen sowie bei der Verfügung über die habsburgischen Kunstschätze gemacht hatten, entspannten die Stimmung sichtlich. Und so mag die Mahnung der *Arbeiter-Zeitung* – „kein Gegreine mehr", kein „mut- und kraftloses Getue", nötig sei jetzt „männliche Entschlossenheit" – einen allgemeinen Nerv getroffen haben.[12]

Vor diesem Hintergrund ließ sich die von vielen Zeitungen kritisierte

---

8   Die Neue Zeitung, 12. Jg., Nr. 247 v. 9. 9. 1919, 1; Illustrierte Kronen-Zeitung, 20. Jg., Nr. 7069 v. 7. 9. 1919, 2; Allgemeiner Tiroler Anzeiger, 12. Jg., Nr. 208 v. 11. 9. 1919, 1; Neue Freie Presse, Nr. 19772 v. 11. 9. 1919, 1; Welt-Neuigkeits-Blatt, 46. Jg., Nr. 205 v. 7. 9. 1919, 1; Reichspost, 26. Jg., Nr. 331 v. 7. 9. 1919, 1; Arbeiter-Zeitung, 31. Jg., Nr. 249 v. 11. 9. 1919, 1.

9   LEONHARD, 1061, 1063f.

10   Stenographisches Protokoll, 765f.; Bericht über die Tätigkeit der Deutschösterreichischen Friedensdelegation in St. Germain-en-Laye, Wien 1919, Bd. 1, 40–43; Bd. 2, 74, 78–91; siehe auch Margaret MACMILLAN, Die Friedensmacher. Wie der Versailler Vertrag die Welt veränderte (Berlin 2015) 337–342.

11   Die Neue Zeitung, 12. Jg., Nr. 249 v. 11. 9. 1919, 1; (Linzer) Tages-Post, 55. Jg., Nr. 207 v. 11. 9. 1919, 1; Welt-Neuigkeits-Blatt, 46. Jg., Nr. 208 v. 12. 9. 1919, 1; Neue Freie Presse, Nr. 19772 v. 11. 9. 1919, 2.

12   Arbeiter-Zeitung, 31. Jg., Nr. 249 v. 11. 9. 1919, 1.

„Gleichgültigkeit", mit der vor allem die Wiener „Bevölkerung die ganze Sache aufnimmt", auch anders deuten. Nicht allein die *Arbeiter-Zeitung* konstatierte, der Vertrag habe „die Herzen nicht bewegt"; die Unterzeichnung sei „den allermeisten eine Neuigkeit wie hundert andere, vielleicht noch Veranlassung und Gegenstand zu leeren Scherzen". Auch die *Neue Freie Presse* nahm in den Gassen der Hauptstadt nur „Gleichmut" und eine „ruhige und sichere Fröhlichkeit" wahr: „Im heiteren Geplauder gehen Männer und Frauen und in der äußeren Haltung ist keine Spur des Bewußtseins, daß eine Zeit drohe, in der die Jugend heranwachse werde ohne Freude und das Alter auf dem Trümmerfelde verlorener Arbeit sich zu Ende leben werde ohne Hoffnung." Das *Welt-Neuigkeits-Blatt* war sich unsicher, wie es die „Ruhe und Gelassenheit, mit der Deutschösterreich den heutigen Tag [10. 9. 1919] miterlebt", deuten sollte: als „todesbereite Gleichgültigkeit" oder als „Lebenszuversicht, die eben nichts erschüttern kann".[13]

Was sicher zutrifft, ist, dass sich die Männer und Frauen, die in den Wiener Gassen flanierten, von der Sprache der Ehre und Schande, der Schmach und Demütigung nicht mehr anstecken ließen. Diese Sprache war seit dem 19. Jahrhundert in Europa heimisch geworden. Vor und zu einem nationalen Publikum gesprochen, diente sie dazu, die Staatsbürger emotional-propagandistisch für die in der Regel expansive Außenpolitik ihrer Regierung zu mobilisieren. 1914 war sie omnipräsent gewesen. Nicht nur Kaiser Franz Josef rechtfertigte seine Kriegserklärung vom 28. Juli 1914 mit der „Wahrung der Ehre Meiner Monarchie".[14] Immer wieder mussten die angeblich gekränkte nationale Ehre und die angeblich erlittene Demütigung dafür herhalten, militärische Gewalt – die selbstredend als reaktiv, als Not- und Gegenwehr präsentiert wurde – zu legitimieren.

Auch mit dem Ende des Krieges war die Sprache der Ehre nicht verstummt, im Gegenteil. Franz Klein meinte sie im Juni 1919 in Paris zu hören, als er den Alliierten während der Friedensverhandlungen „unglaubliche Überhebung" vorwarf („Diese Sprache! Das regt mich mehr auf als alle sachlichen Bestimmungen, die sie sich erlauben [...]"). Die Überhebung der einen, so nahm er es wahr, zielte auf die Erniedrigung der anderen.[15]

Diese Wahrnehmung prägte sich besonders bei denen aus, die den Kampf um die Ehre verloren hatten und sich nunmehr erst recht erniedrigt fühlten. Ob die Gegenseite sie teilte, ist weniger eindeutig.[16] Viele der in Paris versammelten Staatsmänner und Diplomaten hatten ein feines Gespür für die Asymmetrie der Macht und wie sie sich auf die Unterlegenen auswirkte – und einige reizten diese Asymmetrie voll aus. Dass sie sich gegenüber Österreich zurückhielten, hatte mehrere

---

13 Arbeiter-Zeitung, 31. Jg., Nr. 249 v. 11. 9. 1919, 1; Neue Freie Presse, Nr. 19772 v. 11. 9. 1919, 1; Welt-Neuigkeits-Blatt, 46. Jg., Nr. 207 v. 11. 9. 1919, 1.

14 http://www.uibk.ac.at/zeitgeschichte/zis/library/rauchensteiner.html#dok3 (letzter Zugriff am 26. 8. 2019).

15 „Saint-Germain, im Sommer 1919", 169.

16 Der britische Premierminister David Lloyd George ließ in seinen Erinnerungen an die Friedensverhandlungen nicht erkennen, ob und dass er sich dessen bewusst war. Er konzedierte lediglich die französischen und amerikanischen Antipathien gegen Deutschland und Österreich, während Großbritannien aus seiner Sicht vollkommen unvoreingenommen handelte. Vgl. The Truth about the Peace Treaties, Bd. 2 (London 1938) 902–925.

Gründe: Es schien, gerade im Vergleich zu Deutschland, zu unbedeutend, und man wollte es, vor allem mit Blick auf Ungarn, nicht verprellen. Deshalb setzte man, insbesondere bei der Vertragsunterzeichnung, auf eine zeremonielle Gefühlspolitik, die die Asymmetrie der Macht überformte und stellenweise sogar aufhob. In St. Germain ging es zwischen Siegern und Verlierer freundlich zu, jeder kam dem anderen ein Stück entgegen. Die Überhebung der einen war ebenso vom Tisch wie die Erniedrigung der anderen, und dies wurde von Beobachtern auf allen Seiten sorgfältig protokolliert und weitergegeben.

Wie sich diese, in der Zeremonie der Vertragsunterzeichnung sichtbare, Gefühlspolitik auf die weiteren Geschehnisse auswirkte, bleibt hier ausgespart. Haben Renners nonchalanter Auftritt und ehrenvoller Abgang den Eindruck der Demütigung daheim getilgt oder zumindest abgeschwächt? Wie lange noch sprach die veröffentlichte Meinung von Schmach und Schande? Welche Kreise hielten an dieser Sprachregelung fest, welche legten sie ad acta? Was stand in den Klage- und Protestbriefen der von den Gebietsabtretungen betroffenen Gemeinden, Institutionen und Länder?[17] Von welchen Gefühlen war in der Verständigung zwischen Tschechen und Österreichern – die in St. Germain nicht miteinander gesprochen hatten – nach 1919 die Rede? Zweifellos gab es auch dort so manche „opportunity for emotion", und es lohnt sich, der Politik (wechseln)der Gefühle zwischen den Nachfolgestaaten des Habsburgerreichs bis 1938 und darüber hinaus genauer nachzugehen. Denn Geschichte wird immer auch von Gefühlen gemacht, seien sie nun herbeigeredet, beschworen, tief empfunden oder vorgeschoben. Und Politik war gerade im partizipatorischen 20. Jahrhundert immer auch Gefühlspolitik, im Kleinen wie im Großen.

---

[17] Auch Carlo MOOS, der auf die „kartonweise im Archiv der Republik dokumentierten herben Klagen" aufmerksam macht, hat deren Semantik (Ehre, Schande, Demütigung etc.) nicht analysiert. Zitat aus: Ders., Habsburg Post Mortem (Wien 2016) 32f., 39f.

UTE FREVERT

Derzeitige Position

– Direktorin am Max-Planck-Institut für Bildungsforschung, Berlin

Arbeitsschwerpunkte

– Sozial-, Kultur- und Politikgeschichte der Moderne, Emotionsgeschichte, Geschlechtergeschichte

Ausbildung

1989	Habilitation für das Fach Neuere Geschichte, Universität Bielefeld
1982	Promotion, Universität Bielefeld
1971–1977	Studium der Geschichte und Sozialwissenschaften Universität Münster, Universität Bielefeld, London School of Economics

Werdegang

Seit 2008	Direktorin am Max-Planck-Institut für Bildungsforschung, Berlin
2003–2007	Professorin für Deutsche Geschichte, Yale University, USA
1997–2003	Professorin für Allgemeine Geschichte mit besonderer Berücksichtigung des 19./20. Jahrhunderts, Universität Bielefeld
1992–1997	Professorin für Neuere und Neueste Geschichte, Universität Konstanz
1991–1992	Professorin für Neuere Geschichte, Freie Universität Berlin

Weitere Informationen zur Autorin sowie zur Liste der Veröffentlichungen finden Sie unter:
https://www.mpib-berlin.mpg.de/de/mitarbeiter/ute-frevert